SHODENSHA
SHINSHO

日本の10大庭園

――何を見ればいいのか

千青

祥伝社新書

まえがき

本書は、日本庭園の入門書である。

それまで庭園の解説といえば、専門用語が何の説明もなく用いられたりして、よく理解できないという方も多くおられたのではないだろうか。結局のところ、書かれたものだけでなく、実際の庭園を見てもわからないことが多かったのではないだろうか。

本書では、おもに時代、様式、規模などを考慮して、一〇の庭園を取り上げた。そして、その案内ガイドだけに終わらず、頭から順に読んでいくことで、日本庭園の一般的な用語、見方、鑑賞法が理解できるようになっている。

また、本書のもうひとつの特徴は、美学的な視点からの説明に紙面を割《さ》いている点である。つまり、「どこが、どのように美しいのか、すぐれているのか」である。その視点から、各庭園の見どころを書き、名庭の名庭たる理由をお伝えしたつもりである。

ただし、美学的な評価に踏み込む以上、私個人の独断が含まれていることをお断りしておく。本書では、じかに庭園の美と向き合う場合に不可欠な、お約束事や文化的な背景についても述べているので、あとは、これを足がかりに、みなさんがそれぞれの感覚で見ていただければと思う。そのため、歴史的記述や登場人物の紹介は、最低限にとどめた。知識の一部が、素直な庭園鑑賞の妨げになることもありうるからだ。

今回取り上げた一〇庭は、多くの人が名庭と認めるところばかりである。しかし、これ以外にも、美しく、すぐれた庭があることも事実である。私の一〇庭の選択基準には、ひととおりの説明をしていくうえでのバランスを考慮したところが大きい。美しいだけでなく、初心者の方にとっても、多くのことを見て学べる庭園だということである。

日本全国、名庭と称するものは多い。その中には、とくに見どころのないものも含まれてはいるだろう。ただ、そのような判断は、個人が行なうべきものだ。最終的に、本書を読まれたみなさんが、実際の庭園鑑賞を楽しみ、オリジナルの「10大庭園」を見つけていただければ、著者としてこれにまさる喜びはない。

二〇一三年八月末日

重森千青

目次――日本の10大庭園

第二章　毛越寺《もうつうじ》庭園——浄土式庭園の代表例　51

【本書でおもにあつかわれる庭園】

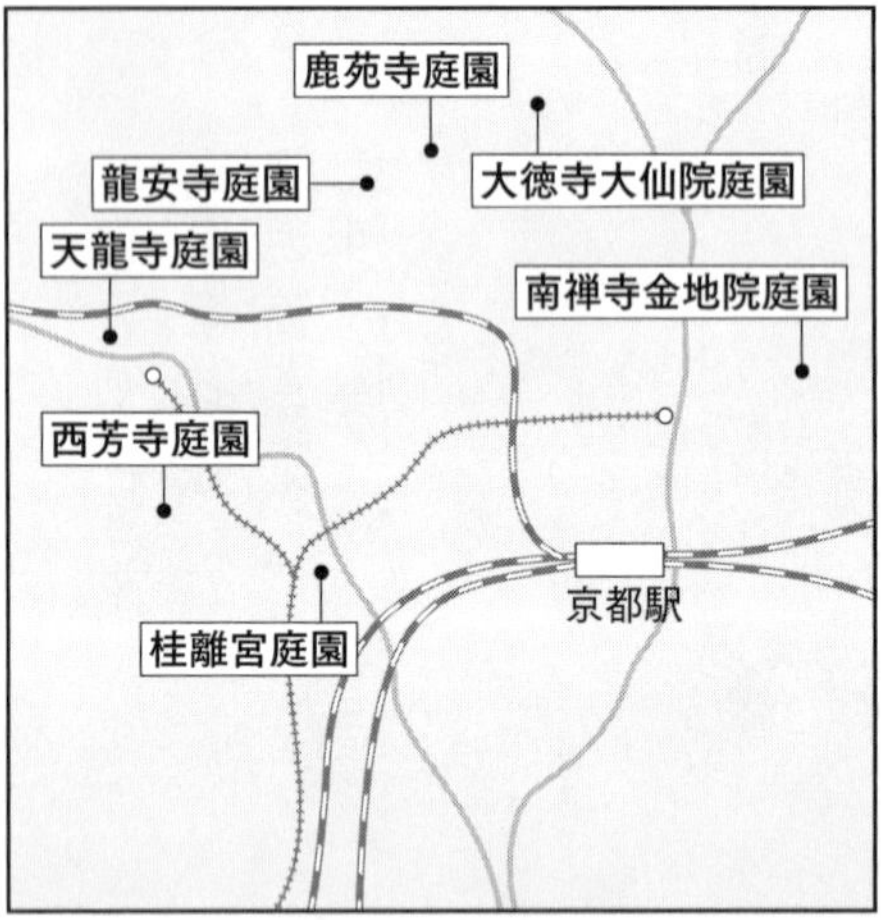

序章　日本庭園とは何か

花や紅葉《こうよう》を愛《め》でるのが、日本庭園？

みなさんは、日本庭園と聞いて、何を頭に浮かべるであろうか。広い池だろうか。四季の花木だろうか。それとも、縁側に座って眺める石庭《いしにわ》だろうか。

海外にある日本庭園らしきものを拝見して、「これは日本庭園とは言いがたいな」と感じたとしよう。日本人であれば、そういった判断のよりどころが、なんとなく感覚として備わっているものだが、このとき、何をもって「日本庭園らしい」と判断しているのだろうか。改めて問いかけられて、多くの人は、答えに窮《きゅう》するにちがいない。

それでも、近くに名園があると聞けば、私たちは足を運ぶ。日本庭園を訪れる人々が求めているものは、美しい花の咲く空間であり、新緑や紅葉の季節においては、四季の変化を楽しむための場所であり、精神の安らぎを得られる造形だろう。自分のお気に入りの庭園、お気に入りの場所ができれば、何度も訪ね、それらの景色を愛《め》でる。

では、その四季の花木が生《お》い茂る庭園は、自然の景勝地とくらべて何が異なっているというのだろうか。自然の美に対する人工の美であろうか。いや、そんなに簡単な話ではないはずだ。その「日本庭園とは何か」の答えを探すことが、本書の目的である。時代順に、代表的な日本庭園を鑑賞していきながら、その成り立ちを追い、日本庭園に欠かすことのできない要素を抽出《ちゅうしゅつ》してみたい。

日本庭園というものが造られるようになったのは、いつごろなのか。いままでのところ、さまざまな発掘や文献調査などの成果として、飛鳥《あすか》時代にまでさかのぼることがわかっている。中国大陸や朝鮮半島から高度な庭園文化が伝えられ、技術者たちが渡来したことで、日本庭園の基本構造はできあがった。

ただし当時は、美しさよりも、技術力や新奇性に対する驚きに比重がおかれていたようにも思われる。その後、奈良時代、平安時代と徐々に独自の方向へと進化し、大陸や半島には見当たらないような庭園造形が創作されるに至った。

水の動きは、より自然な滝や流れによって表現された。また、池や島のまわりには、大小の石が据《す》えられ、さまざまな樹木、草花、苔《こけ》などの地衣《ちい》類が植えられるようになった。およそ日本人にとって親しみやすい材料を用いることで、身近な、海、山、川、野、森といった自然の風景を再現したのである。

私たちが、京都などで鑑賞しているものは、おもに中世以降に造られた庭園である。平安時代の風情を伝えるものはいくつかあるが、奈良時代以前の庭園はすべてが発掘されたものだ。それに、平安時代や鎌倉時代に造られたからといって、当時の姿がそのまま残っているわけではない。

千年も昔の植物が同じ場所にあるはずがない。さらに、建物は壊れたまま再建されず、池の形も変わり（あるいは埋もれて）、そこにあったはずの石もどこかへ持ち去られてしまったなんてことは、ざらである。管理者がいなくなり、放っておかれたら、どんどん自然の姿に返っていくのが、日本庭園の避けることのできない運命である。それは、まさに変化を運命づけられた芸術といってもよい。この庭園の性質が、歴史の解明を難しくさせているし、また、大きな魅力の要因にもなっている。

変わらない地割《ちわり》と石組《いしぐみ》の美

一度たりとも廃墟となることなく、造られたときから現在に至るまで庭園として存在し、鑑賞しつづけられたものは、むしろ稀有《けう》といわねばならない。しかし、そうではない庭園にせよ、かりに植物だけで構成されていたなら、跡形もなく消えてしまっていたであろう。文献などで、かつての姿をしのぶしかなかった。なぜ、いまに形を残したのかといえば、そこに不変の要素があるからだ。変わらないからこそ、私たち現代人も、はるか古人の美意識をそこから汲《く》みとることができる。

その不変の要素のひとつが、地形である。庭園が造られようとする場所には、かならずといって地形がある。背後に美しい山や森を擁《よう》した、いかにもそれらしい場所もあれば、建物と壁とに囲まれた敷地もある。作庭家は、与えられた敷地の地形にしたがって、庭園を築いてきた。庭園が、崖崩れなどで埋もれてしまっても、そこにかつて庭園があったという風情はどことなく残っているものだ。

多くの庭園には「池」があり、池の中には「島」が造られ、池の向こうには山が築かれる。これら、池、島、「築山《つきやま》」は、庭園の基本的な構成要素である。とくに池の形は、さまざまな視点からのいろいろな風景を生み出し、庭園の個性ともなる。これらが土台となって、石が据えられ、草木が植えられ、橋が架《か》けられ、建物が造られる。池、島、築山などの形状を中心にした、このような庭園のプランを「地割《ちわり》」（「じわり」とも読む）という。

池の周辺の「護岸《ごがん》」は、時代を経て変わってしまうことが多いが、しっかりと造られた石の護岸や、池の中に浮かぶ島の形や構成は、古いままの姿を伝えている場合が多い。

もうひとつ、不変の要素といえるのが、石である。石は単独で据えられることもあるし、多くの場合、いくつかが組み合わされて表現される。複数の石を組み合わせた造形を「石組《いしぐみ》」（「いわぐみ」とも読む）という。

石といえども、長年風雨に晒《さら》されたら劣化はまぬがれない。しかし、形そのものが消えてしまうことはない。また、名石であればあるほど、後人によって持ち去られるという事態も起こるが、なかには、驚くほどの石の造形がほとんど破壊されることなく残された例も多くある。発掘作業を進める際にも、人目を引く石の造形が現われると、それはまず庭園跡ではないかと考えられる。

石ひとつひとつの色や形、大きさなども大切な要素であるが、日本庭園の醍醐味《だいごみ》は、その石をいかに巧《たく》みに組んだか、配置したかという点にある。ここに作庭者の思いや技術が強く表わされるのであり、ひとえに名庭が「石組の美」と評されるゆえんでもある。この石組の美を見極める目が、日本庭園の鑑賞眼となる。

日本庭園は、池の表現であると同時に、石組の表現である。このうち、池の部分をとくに取り上げて呼んだものが「池泉《ちせん》庭園」であり、石組の部分がとくに強調されたものが「枯山水《かれさんすい》」と考えてよいだろう。

池泉《ちせん》庭園——島、滝、そして流れ

文献に表わされた最古の日本庭園は、池泉庭園である。『日本書紀』には、路子工《みちこのたくみ》という百済《くだら》からやってきた技術者が、宮廷の南庭に「呉橋《くれはし》」と「須弥山《しゅみせん》」を造ったとの記述がある。彼は、島流しにされそうになったところ、庭園を造る能力があると訴え、助命されたという。これ以外の記述がないので、どのような庭園であったのかわからない。橋を架けたということは、池泉庭園だったのだろう。

また須弥山は、その言葉からも、複数の石を組んでそれを表現したのか、須弥山のような形状の石が据えられていたものと想像できる。石神遺跡《いしがみいせき》（奈良県明日香村《あすかむら》）から出土した須弥山石が、まさにそれであるともいわれる。こうしたものが、池の背後にあったのか、島の上にあったのかはわからないが、こんもりと土を盛り、ひと目でそれとわかる特別な外観が整えられていたにちがいない。

日本最古の池泉庭園は、このように抽象的な造形であった。それが、まもなく「大海《たいかい》」の風景の美しさに思いを馳《は》せながら造られるようになる。池の護岸には、「出島《でじま》」「荒磯《ありそ》」「洲浜《すはま》」や、葦《あし》の生えているさまなど、およそ海洋風景の代表的な景色を兼ね備えた構成となる。出島というのは、岬のことである。荒磯は、文字どおり荒々しい磯場の表現であり、洲浜は、小石を敷いて、延《の》びていく岸辺を表わした。

また、池の中には、いくつかの島が造られることが多い。島というのは、もとは海の彼方《かなた》にあると考えられた「蓬萊《ほうらい》」を表現した名残《なごり》である。島が複数あれば、そのうちもっとも大きなものが蓬萊に当たるだろう。そこは、人が容易に近づける場所ではなかったはずなので、これに橋を架けるという行為は、何か特別な意味を持っていたと考えなくてはならない。『日本書紀』にある須弥山も、こういった造形だったかもしれない。

「中島《なかじま》」は、れっきとした島であり、あくまでも岸と接続した出島とは異なる。また、盛り土の部分が少なく、ほぼ石だけで構成されたものを「岩島《がんとう》」と呼んで区別している。一般的な岩島は、大小の石が組み合わされるが、とくに高く石が立てられたものについては、専門的な用語として「池中立石《ちちゅうりつせき》」という表現がある。岩島や池中立石は、池の景色を決定づける大切な要素である。

わが国土には山が多く、水が豊富であることから、山河の風景も表現されるようになった。水が噴水のような装置から出てきて、石を削った溝《みぞ》を流すのではなくて、もっと自然に近い景を好んだためである。自然にあるかのように組まれた滝から水が落ち、池へと注《そそ》がれた。池泉や林泉《りんせん》の「泉」は、この水の源を指している。精神的な意味あいの場合もあるが、現実的に池の水源であることが多い。

滝の形に組まれた石を「滝石組」といい、日本庭園の欠かせない要素となっている。その中心をなし、水が落ちる石を「水落石」と呼ぶ。滝の真下にあり、落ちた水を分ける石が「水分石《みずわけいし》」である。一見して滝とはわかりにくく造られていても、この水分石を探し当てることで、滝の存在を知ることができる。屋敷にいながら、あるいは舟の上から、その美しく、また豪快な滝の落水を鑑賞することで、自然の懐《ふところ》に入ったかのような感覚を持った。

滝から落ちた水が、池に達するまでの川の「流れ」も、重要な見どころである。これを「遣水《やりみず》」と呼んでいる。自然の小川のように造り、蛇行させ、流れを変える石を据えるなどして、水の模様の変化を楽しんだ。季節によっては、杜若《かきつばた》や菖蒲《あやめ》などの水生植物が花を咲かせ、目を楽しませてくれる。

実際のところ、自然から引かれた滝の落水と、それにつづく水の流れは、周囲に格別の涼感をもたらし、とくに奈良や京都といった盆地に特有の暑気をはらうために作用したであろう。遣水というと、いかにも曲水《きよくすい》の宴《えん》（上流から杯など浮遊物を流し、自分の前に到達するまでに詩歌をつくる遊び）のための装置としてとらえられがちだが、けっしてそれだけのものではない。

さらに、泉から発した水が、滝を落ち、流れを下り、海の象徴である池を生み、中島や出島の景を造り出すという、ひとつの自然の景を凝縮《ぎょうしゅく》したものが、池泉庭園である。

平安後期にまとめられた、日本最古の作庭書に、『作庭記《さくていき》』がある。この書の中にも、「生得《しょうとく》（自然）の山水をおも（思）はめて」「人のた（立）てたる石ハ、生得の山水ニはまさ（勝）るべからず」と記されている。やはり、人工物でありながら、自然の雛形《ひながた》を巧《たく》みに再現する点に、日本庭園の基本形があるように思う。ことさらに人工美を極めた造作は、邪道なのである。

枯山水《かれさんすい》——水の動きをどう表現するか

枯山水も、池泉庭園と同様に、自然の景色を写した庭園である。抽象的な表現もあるが、基本の形は、狭小な空間の中にあって、大海、流れ、滝などの雄大な自然を表現しようとするもので、池泉庭園と変わりない。ただ、水を用いないことから、石や砂によって、水の流れが表現されている。一般的には石庭と呼ばれることも多いが、ただ石を並べているだけではない。まさに枯山水という名が示すとおり、枯れていても、山水の景を表わしているのだ。

山水の景には、かならずといって滝がある。枯山水の滝であるから、水落石にも水が落

『無鄰菴《むりんあん》庭園』（京都市左京区）の滝石組。三段の水落石を流れる水の姿が美しい。堂々とした石組は、市中の敷地に造られたとは思えないほどだ。明治時代の作庭家・植治《うえじ》が、醍醐寺三宝院《だいごじさんぼういん》庭園の滝石組を模して築いたもの

『本法寺《ほんぽうじ》庭園』（京都市上京区）の滝石組。これは枯滝であるが、表面に白い筋のある石を水落石に用い、水の流れを表わしている。立石と伏石、斜めに立てた石を巧みに組み合わせ、華やかさと上品さを兼ね備えた、すばらしい石組

ちることはない。つまり「枯滝《かれたき》」である。そのため水落石には、いかにも水が流れているような景色のある石が選ばれることが多い。表面に水の流れを彷彿《ほうふつ》とさせるような、白い石英質《せきえいしつ》が付着していたり、縦に水紋を表わす皺《しわ》があったりする石、あるいはツルツルと鏡のような石などが選ばれる。また、周囲からは目立って高く立てられた石も滝を表現していることが多い。

ここで注意しなければならないのは、池泉庭園に面していながら、水の流れない滝も多くあることだろう。もとより枯滝として造られたものがあれば、その一方で、当初は水が落ちていたのに、のちに涸《か》れてしまったものもあり、見分けが難しい。

滝から落ちた水のイメージは、池泉庭園の場合と同様に、流れを経て、大海へと注《そそ》がれる。このとき、石の粒の大小や、その方向などを考えることで、水の流れやうねりなどが表現されるようになった。

『大徳寺大仙院庭園《だいとくじだいせんいんていえん》』（第六章）の場合、建物の北西隅に滝があり、ここから西側を流れていき、南の広い大海に至る。大海は、広く白砂が敷かれているのみである。ここの白砂は、京都にある大多数の枯山水庭園と同じく、「白川砂《しらかわすな》」が用いられ、白砂糖のような純白が日に照らされ輝いている。白川砂は、京都市内北部の北白川に産出する。もっとも、

枯山水庭園の白砂に、筆者が砂紋を引いているところ。大海の渦巻く波が描かれることで、島の庭園が印象づけられる。写真は、昭和時代の作庭家・重森《しげもり》三玲《みれい》の『岸和田《きしわだ》城庭園・八陣《はちじん》の庭』

この川の岸に白い砂があったことから、白川という地名がつけられたのであるが。

その白砂（白川砂）の上には、流れや海上の水の動きを表現するため、「砂紋《さもん》」が引かれている。砂紋を自在に描くための専用の道具が工夫され、それを駆使して大地に水紋を形づくっていく。これが、さきほどの大海の上にほどこされると、すなわち波模様となる。小波《さざなみ》、荒波、渦潮《うずしお》と、さまざまな波模様が創案され、枯山水の美しさを一段と引き立てることになった。

枯山水は、あくまでも最初から水を用いないことを前提に造られたものである。石という不変の存在のみで構成することによって、永遠の世界を表現しようとしたのだろうか。

これとは別に、時間の経過によって、かつては存在した水が涸れてしまったものは、枯山水とは呼ばない。このときは便宜上、「枯れ」ではなく、「涸れ」という文字を用いて区別することが多いようだ。あえていえば、涸《かれ》滝、涸れ山水である。たびたび混同されているので、注意が必要である。

露地《ろじ》庭園――飛石《とびいし》や燈籠《とうろう》のおもしろさ

池泉庭園と枯山水に新しく加わる日本庭園の要素が、「露地《ろじ》」である。一般的には、門から入って、待合《まちあい》に立ち寄り、茶室へと至る道すがら自然の景を盛りこんだもので、桃山時代から急速に発展した茶道の中から考案された。当初は「路次」と表わされていたようだが、その後、「路地」「露地」などの表現が登場する。

池泉庭園や枯山水は、自然一般の景を凝縮したものであったが、この露地が取り入れた自然は、より身近な里山的な風景である。だいたいにおいて、その敷地も狭い。市中に居ながらにして、山間《やまあい》にある鄙《ひな》びた建物とそのまわりにある樹木を再現するというのが、そもそもの成り立ちであった。したがって、際《きわ》だった石組というものはなく、中低の樹木、草花、地衣類など、植物を中心に構成され、ところどころ山間の道で見られるような苔むした石がある。

一方で、石組に代わる見どころとして、道すがら（園路）には、石が打たれたり、敷かれたりした。これは、苔や土が濡れている際に、足もとを確保するためのものである。同時に、茶室へ至る順路を示す役目も果たした。自然の姿のままの石を点々と打ったものを「飛石《とびいし》」、自然石や加工された石を敷きつめたものを「敷石《しきいし》」や「延段《のべだん》」という。多くの場合、待合付近の複雑な飛石構成は、露地庭園の見せ場のひとつとなっている。

また、薄暗い時間の道すがらの明かりとするための「燈籠《とうろう》」が置かれるが、その造形も

桂離宮庭園は、池泉庭園と露地とが融合した、日本庭園の最高峰だ。「園林堂《おんりんどう》」横の狭い敷地には、正方形に加工された飛石と霰《あられ》こぼしの延段とを組み合わせた、みごとな意匠があり、訪問者を次の場所へと誘導する

池に沿って設けられた、自然石の延段。桂離宮庭園では、飛石や延段がいたるところに現われ、景色の重要な一部をなしている

独特のものである。その多くは、いわゆる石燈籠といわれるもので、六角形、八角形をした社寺の献燈《けんとう》用の燈籠が見立《みた》てられた。ところが、社寺の燈籠は、使用できる絶対数が少ない。江戸時代以降の露地では、簡略化され、背が低く、形も創意にあふれたものが新たに造り出された。これを庭燈籠と呼んでいる。

いよいよ茶席に入る直前、最後の見せ場として、身を清めるための「蹲踞《つくばい》」の構成が客人《きゃくじん》を迎える。水を入れる「手水鉢《ちょうずばち》」は、自然石に水穴を開けたもの、宝篋印塔《ほうきょういんとう》、層《そう》塔《とう》、多宝塔《たほうとう》など石造品の部位を見立てて再利用したもの、新しく創作したものなど、さまざまである。

飛石、燈籠、蹲踞といった石造物の意匠や配置は、いずれも、美の探究者であり、気配りの達人でもある茶人たちが、その美意識のかぎりを傾けて生み出した造形ばかりだ。これらが、訪問者に意外性を与え、興趣をもたらした。

露地の要素が、従来の日本庭園の中に取り入れられるのに、時間はかからなかった。江戸初期に造られた『桂離宮《かつらりきゅう》庭園』（第十一章）では、池泉を中心とした広い園内の至るところに、すばらしい燈籠や飛石などの造形を楽しむことができる。また、国内に点在する多くの「大名庭園」においても、池泉、枯山水、露地といった三つの要素が組み合わされることによって、最高の空間が成立したのだった。

　日本庭園とは何かと問われたとき、池泉庭園や枯山水の要素を中心にして、露地庭園の要素が巧みに取り入れられたものと、ひとまず答えることができるだろう。

第一章　日本庭園の源流

石を立てる

『日本書紀』に記された、路子工による須弥山と呉橋の造形を日本庭園の始まりとしている。しかし、以前にまったく庭園的造形や、それに通じる感覚がなかったわけではない。それらは、むしろ古代遺跡として語られてきたものであるが、のちの日本庭園に通じる造形や感覚を残している。個々の日本庭園を見る前に、このことを概括しておきたい。

世界中にストーン・サークルという遺跡がある。何のために造られたのかは明らかではないが、天文的な指標や、儀式を行なう施設、墓などとして用いられたと考えられている。

規模の大小のちがいはあれ、これと似たような遺跡が日本にもある。すなわち「環状《かんじょう》列石《れっせき》」である。日本全国に分布するが、おもだったものは、東北から北海道にかけて確認されている。現代でも、高速道路などの建設によって新たに発掘されており、その全貌の解明は調査途中にある。およその築造時期としては、縄文時代後期というから、いまから約四千年前の遺跡である。

その中でもっとも規模が大きいのが、『大湯《おおゆ》環状列石』（秋田県鹿角《かづの》市）であるが、教科書などにも載《の》せられているので、ご存じの人も多いだろう。環状列石は、道路をはさんで向

野中堂遺跡の環状列石。近くの川から集められた、棒状の自然石を用いている。日本庭園の「石を立てる」という行為の原点がここにある

かい合う『野中堂遺跡《のなかどう》』と『万座遺跡《まんざ》』にそれぞれある。この一帯からは、住居跡や田畑の跡が発掘されており、大規模な集落であったことがわかる。その中にあって、両遺跡にある環状列石は、どのような役割を担《にな》っていたのであろうか。

ここでは、野中堂遺跡の環状列石を見てみよう。中心に立てられた石は、下の部分がすぼまっている。通例、のちの日本庭園において、下すぼまりの石は用いられない。この立石を中心にして、棒状の石が放射状に寝かされて、日時計のように据《す》えてある。用いられた石は、大人が二人くらいで運び込むことのできる程度の大きさで、近くの川から持ってきたものと推測されている。

石の表面は川石らしく、どれも滑《なめ》らかであるが、驚くべきことに、まったく加工がほどこされていない。このような棒状の自然石を丹念に見極めながら採取したのだろう。よくこれほど似た色と形の石をそろえたものだ。

縄文人は、彼らの感覚にしたがって、自然の中から都合のよい石を選んだ。これは、「石を見立《みた》てる」ことにつながる。構成は人工的であっても、用いられた材料は「自然のまま」である。ここに、日本庭園の精神の源流がすでに表わされていると考えてよい。そして、そこに用いられたのは、石という不変的な物質なのである。目的の違いはあれ、この「石を立てる」という行為も、日本庭園のそれと何ら変わりない。

この環状列石が造られた理由には諸説あるが、墳墓の可能性が高いとされている。彼らは、死者の弔《とむら》いのために、石を立てたのである。おそらく死者の魂が永続することを表現したかったのであろう。自然の石がもたらす永続性のイメージは、日本人の中にいまも引き継《つ》がれている。その表現のひとつが、日本庭園なのである。

日本庭園に通じる磐座《いわくら》の造形

神社の奥や霊山の山頂近くにある石の造形が、いまも信仰のよりどころとなっている。これは、古代の「磐座《いわくら》」の名残《なごり》で、石に神が宿り、また石に神が降り立つとされ、崇《あが》められてきたものである。石の中に永続性のイメージを見いだした点は、環状列石と同じであるが、環状列石があくまでも信仰の舞台となる装置であるのに対し、磐座は、それじたいが信仰の対象である。

たいていの磐座は、自然の巨石や石の造形に神秘性を見いだしたものであるから、意匠の統一性はなく、石が加工されることもほとんどなかった。しかしなかには、自然石を人為的に組んだものがあり、日本庭園の石組に通じている。

『阿智《あち》神社磐座』（岡山県倉敷《くらしき》市）は、多くの観光客が訪れる市内美観《びかん》地区の中心にある。小高い丘を上がると、思ったよりも広い敷地の中に、注連縄《しめなわ》を巻かれた巨石があって、ひと目で聖なる扱いを受けたものと認識できるだろう。

注連縄を巻かれた石はひときわ大きく二個並んでいる、その材質はまったく同じものだが、周辺にも大小の石がいくつも据えられており、あたかも日本庭園の石組を見るかのようである。また、この背後の森の中にも石組が見られ、これらは人工的に配置されたかのような感がある。

二個の巨石と手前の少し小さな石とを合わせて「三尊《さんぞん》石組」（第三章を参照）としたり、あるいは、「鶴石組」（第四章を参照）と見たりする向きもあるが、これには異論もあるだろう。ただし、この地方には、半島や大陸から渡来した人たちが居住し、庭園の技術や思想も古くから伝わっていたにちがいない。日本庭園の源流が残されていたとしても、何ら不思議ではない。阿智神社の造形は、信仰の対象としての磐座から踏み出して、不老不死の世界をこの世に再現しようとした空間造形の一例と見ることもできるのではないか。

磐座と聞けば、それとひとくくりのようにして思い起こされるのが、「磐境《いわさか》」である。これは、一般に聖域の結界を表わすために設けられ、神社の玉垣《たまがき》に相当するものと考えら

阿智神社の磐座。もとからその場所にあったであろう石と、人工的に据えられたと思われる石とが組み合わされている。石組によって、神秘的な空間を演出しようとする意図が読みとれる

三加茂八幡神社の磐境。青石の特徴がよく活かされた造形だ

れているが、実態は明らかではない。

ちょうどその形状をうかがわせる希少な例として、『三加茂八幡神社磐境《みかもはちまん》』（徳島県東みよし町）がある。徳島県は、緑泥片岩《りよくでいへんがん》（いわゆる「青石《あおいし》」）の代表的産地で、『徳島城旧表御殿庭園《とくしまじようきゆうおもてごてん》』（第九章）や『阿波国分寺庭園《あわこくぶんじ》』（徳島市）など、この青石を多用した庭園がいくつか残されている。その名のとおり、日本庭園の主役をなす、青緑色の美しい石材である。

はたして三加茂八幡神社の磐境も、板状の青石を玉垣のようにして並べた構造で、大小合わせて三〇〇枚以上が現存しているという。その一部が、社域に沿って一直線に並んでいるが、おもしろいことに、東側は深く地中に埋められ低く立てられており、西へ行くにしたがって徐々に高くなっていくのである。結界であれば、一定の高さを守って造られるべきかと思うが、何か宗教的な意味でもあるのだろうか。

磐境は、日本庭園の概念からはやや離れてはいるが、自然の石を用いた造形である点に大きな共通点がある。

池泉庭園の源流

環状列石や磐座は、日本庭園の石に関する考え方の源流となるものであった。一方、池泉の源流に当たるのが、「神池《しんち》・神島《しんとう》」である。この両者が結びついて、日本庭園の骨格ができたものと思われる。

豊かな水によってそこに現われた池を、神聖なる存在と見なし、そこに浮かぶ島に、神が住む聖域を見いだしたのが、神池・神島である。神島は、人が足を踏み入れることのない、遠く彼方《かなた》の世界であった。いまも海岸近くの島には、禁足地《きんそくち》が多く残されており、その樹叢《じゆそう》がいにしえの姿をとどめていることから、天然記念物などに指定されている例が多い。池の中の島も、同様に崇《あが》められ、禁足地とされていたのである。

神島の数や配置は、さまざまであるが、三〜四島のものが多い。『吉備津彦《きびつひこ》神社神池』や『吉備津神社神池』（ともに岡山市北区）は、同規模の島が四つある。また、『宇佐《うさ》神宮神池』（大分県宇佐市）は、大きな島が三つ、小さな島がひとつある。『薦《こも》神社神池』（大分県中津《なか》《つ》市）は、三角池《みすみいけ》ともいい、池じたいが、ご神体である。もとは、三つの入江を持ち、それぞれの入江にひとつずつ、三つの島があったと思われるが、いまは二つしかない。

さらに多くの島を持つものを、多島式《たとうしき》と呼び、これは池泉庭園にも用いられる表現である。一例として、『阿自岐《あじき》神社神池』（滋賀県豊郷町《とよさと》）には、一〇以上の島がある。

そして、もっともユニークな構成を持っているのが、『伊奈冨《いのう》神社神池』（三重県鈴鹿《すずか》市）

であろう。東西に細長い池の中に、全部で七つの島が、東から一―一―二―一―一―一の順に配置されている。これは、明らかに人間が造ったものだ。何かの意図があって、このような特殊な配置が行なわれたのだろうが、意図するところは不明である。

これらの神池は、まさに神島あっての池であった。神秘的な印象を与えるための島の配置がそれぞれに工夫されていたのである。この考え方は、のちの日本庭園にも直結していたと考えてよいだろう。池泉庭園の要所は、神の住まう島をいかに現出させるかという点にもあった。

流れへの意識

日本庭園には、もうひとつ、大切な要素がある。それは、流れの表現だ。池というものは、ただの水たまりではなく、流れてきた水が生み出した自然の造形物である。この考え方は、日本の山河の特徴を忠実に表わしたものであるといえるだろう。流れがあって、はじめて池の水は、淀《よど》むことなく、永遠の清浄性を維持できる。

その最古の例といえるものが、古墳時代前期の『大溝祭祀遺構《おおみぞさいいしこう》（城之越遺跡《じょのこしいせき》）』（三重県伊《い》賀《が》市）である。これは、三カ所から湧き出た水が、やがて一本に集約されるという形状

伊奈冨神社の神池。鬱蒼《うつそう》と樹木が茂り、いまでは自然の池のように見えるが、明らかに人工的に配置された島が七つ浮かぶ。島の持つ神性が、いかに古代日本人の心をとらえたかがわかる。この感覚は、日本庭園の根底に残されることとなった

流れを造形化した大溝祭祀遺構。流れがぶつかる先端には、立石中心の石組が造られる

で、通常見る円形の池とは異なる。したがって、地割は複雑で、池じたいが水の流れを持っている。また護岸は、その後の奈良・平安時代の庭園に通じる洲浜状で、たいへん優美に造られている。流れがぶつかる角には、石組が設けられ、庭園造形といってよいものだ。

しかしながら、この遺構は、純粋な鑑賞用ではなく、祭祀を行なうための装置だったと考えられている。何か浮遊物を流して、その流れ方や、どこに引っかかるか、あるいはまったく引っかかることなくスムーズに流れたかなどを見て、その年の豊作・不作などの吉凶を占ったのであろう。ただ、その造形の中には、たしかに美的な要素が見てとれよう。

流れを用いた祭祀装置は、平安時代になっても造られていたことがわかっている。いまは、度重《たびかさ》なる修復で原形をとどめていないが、『兵主《ひょうず》大社庭園』（滋賀県野洲《やす》市）の池が、その遺構である。

さらに、このような祭祀装置が、曲水の宴に用いられる装置と結びついているのは、いうまでもない。歌を詠むという行為もまた、文学的な範疇《はんちゅう》におさまるものではなくて、もっと宗教的な意味あいを含んでいるものだからである。

日本最古の庭園遺構には、噴水もあった

以上は、庭園的造形を見せながらも、祭祀遺構として分類されてきたものである。れっきとした発掘庭園の中で、日本最古の例とされるのが、『飛鳥京跡苑池《あすかきょうあとえんち》遺構』(奈良県明日香村)である。

飛鳥京とは、飛鳥時代の歴代天皇が住まわれた場所で、そのかたわらに発掘された庭園遺構は、『日本書紀』で天武天皇が通われた「白錦《しらにしきの》後苑《みその》」の跡とされ、新羅《しらぎ》の庭園造形と類似する点が多いという。

この遺構には、その後の日本庭園に見られる要素がすでに備わっていた。池の中には中島があり、出島があり、汀《みぎわ》には洲浜《すはま》も見られる。その一方、その後の日本庭園には見受けられない手法もある。池などの底は、小さな石が一面に敷かれていた。また、洲浜が用いられているのは汀だけで、中島や出島の護岸は、小さな石を積み上げたもので、いわば石垣を小ぶりにしたような造作である。これなどは、やはり半島や大陸の影響が色濃いもので、その後、日本らしい自然石の護岸へと発展していったのであろう。

発掘過程では、さらに驚くべきものが見つかった。水を流し、それを噴出させる装置である。大きな石に溝を掘って水路を造り、そこを水が滑《すべ》り落ちていく。付近の山中に残さ

飛鳥京跡苑池遺構の池の護岸は、石垣のように造られている。その後の日本庭園から見ると、異質な造形感覚といえるものだろう

有名な酒船石も、飛鳥京の苑池で用いられた装置の一部と考えられている

れた「酒船石《さかふねいし》」などは、そのような装置の一部である。

さらに、終端部分には、上部と横に穴を開けた装置が設けられた。通常は横穴から水を垂《た》らしていたが、その穴をふさいでしまえば、上に開いた穴から噴水のように水が吹き上がったという。このような装置は、石を巧みに加工していることから、その技術もまた渡来した人たちによって持ち込まれたものにちがいない。

ただ、こういった手法はこの場かぎりで発展することはなかった。やはり大方の日本人の感性には合わなかったのである。人工的な石造物をおき、加工された石で固める造形は、日本人の感覚では、むしろ建築に近いものである。自然の景にならい、自然石を用いた造形こそが、日本的であるという思想が改めて尊重されるようになった。

奈良時代の庭園

奈良時代の庭園を見ることができるようになったのは、近年のことである。昭和四十二年に存在が確認され、のち復元整備された『平城宮東院庭園《へいじょうきゅうとういん》』（奈良市）や、昭和五十年に、郵便局を建てるために、その先行調査をしていたところ、偶然発見された『平城京左《さ》京三条二坊宮跡庭園《きょうさんじょうにぼうみやあと》』（奈良市）がある。

平城宮は、奈良時代の政治の中心である。よって、その一角に設けられた『平城宮東院庭園』は、公式な行事に用いられたものだった。

この庭園は、その後の池泉庭園の原形ともいうべきものであろう。池には、多くの出島が造られ、複雑な汀線《ていせん》を持つ。出島のひとつには、その先に岩島を浮かべているが、こういった手法も、のちに一般的な手法となる。池中には、ひとつの中島が浮かび、二本の松が植えられている。池や中島の護岸は、洲浜である。

また、池には、平橋《ひらばし》と半円形の反橋《そりばし》が架けられているが、いずれも建物と対岸とを結ぶもので、中島に架かっているわけではない。この二つの橋のイメージは、平安時代の「浄土式庭園《じょうどしきていえん》」（第二章）へとつながっていく。

そして、庭園内でもっとも目を引く造形が、反橋の横、池の北岸にある石組だろう。象徴的に立てられた中心石から周辺に向かって、連山のごとく石が組まれている。ちょうど正倉院《しょうそういん》宝物の中にある仮山《かざん》を彷彿《ほうふつ》とさせるような外観だ。これなどは、『作庭記』の中に記された枯山水の、最初期の形態であるといってよい。

この庭園には、奇をてらった演出は一切なく、奈良という盆地に住む人にとって、あこがれの海洋風景が再現されている。ひとつの池でありながら、可能なかぎり複雑な形に造

平城宮東院庭園の中島。美しい洲浜の護岸を持ち、二本の松が植えられている。奈良時代の庭園でありながら、すでに日本的な雰囲気を醸《かも》し出している

平城宮東院庭園の発掘・復元が進むにつれ、私たちを驚かせたのが、反橋のかたわらに築かれた石組だった。洲浜の上に複数の石を配した姿は、枯山水の原型を思わせる

り、建物や橋をおくことで、いくつもの鑑賞ポイントが生み出された。

もうひとつの『平城京左京三条二坊宮跡庭園』は、宮中ではなく市中にあったが、誰が何のために築造・所有したものかはわかっていない。ただ、すぐ横には、奈良時代初期の権力者、長屋王《ながやおう》の邸宅跡があることから、その死後、広大な所有地の一部を活用して庭園が造られたのかもしれない。

これは、一般的な池泉庭園とは異なり、大きく優美な曲線を描いた、「流れ」の庭園である。いわゆる「曲水庭園」であるが、全長約五五メートルに対し、流れの幅は平均約一五メートルもあり、かなり太い。平安時代以降の池泉庭園では、源泉から池までの導水路として遣水《やりみず》が造られたが、それはごく細く、ほとんど小川のような形態であった。しかし、この奈良時代の庭園では、あたかも大陸を流れる大河の様相を見せている。

このような大河の流れであるから、とくに曲水の宴を行なうための装置として造られたようには思えない。浮遊物がどこにも引っかからずに、流れきってしまうこともありうるからだ。また、水深も二〇センチほどしかないから、舟を浮かべるには浅すぎる。やはり純粋に流水の美しさを楽しむための庭園と見るべきだろう。

水は付近の川から引かれたが、いったん水溜《た》めに引き込まれ、そこで砂や泥を沈澱《ちんでん》させ

曲水の流れを表現した平城京左京三条二坊宮跡庭園。平安時代に見られるような遣水とは異なり、ダイナミックな曲線美を誇っている

平城京左京三条二坊宮跡庭園の護岸には、まさしく日本庭園のそれというべき、自然石の石組が造られた

浄化してから、曲水に流す工夫がなされているのがわかった。澄んだ水が、洲浜や自然石に彩《いろど》られた日本風の造形の中を流れていたのである。

このように、人工物でありながら、自然の景にならうことを基本原則とし、日本庭園の初期段階は進んでいった。「いかにして、人工と自然のバランスをとるか」が、作庭の最重要テーマだった。これは、平安時代から鎌倉時代にかけて造られた池泉庭園の中で実を結ぶ。

第二章　毛越寺《もうつうじ》庭園

――浄土式庭園の代表例

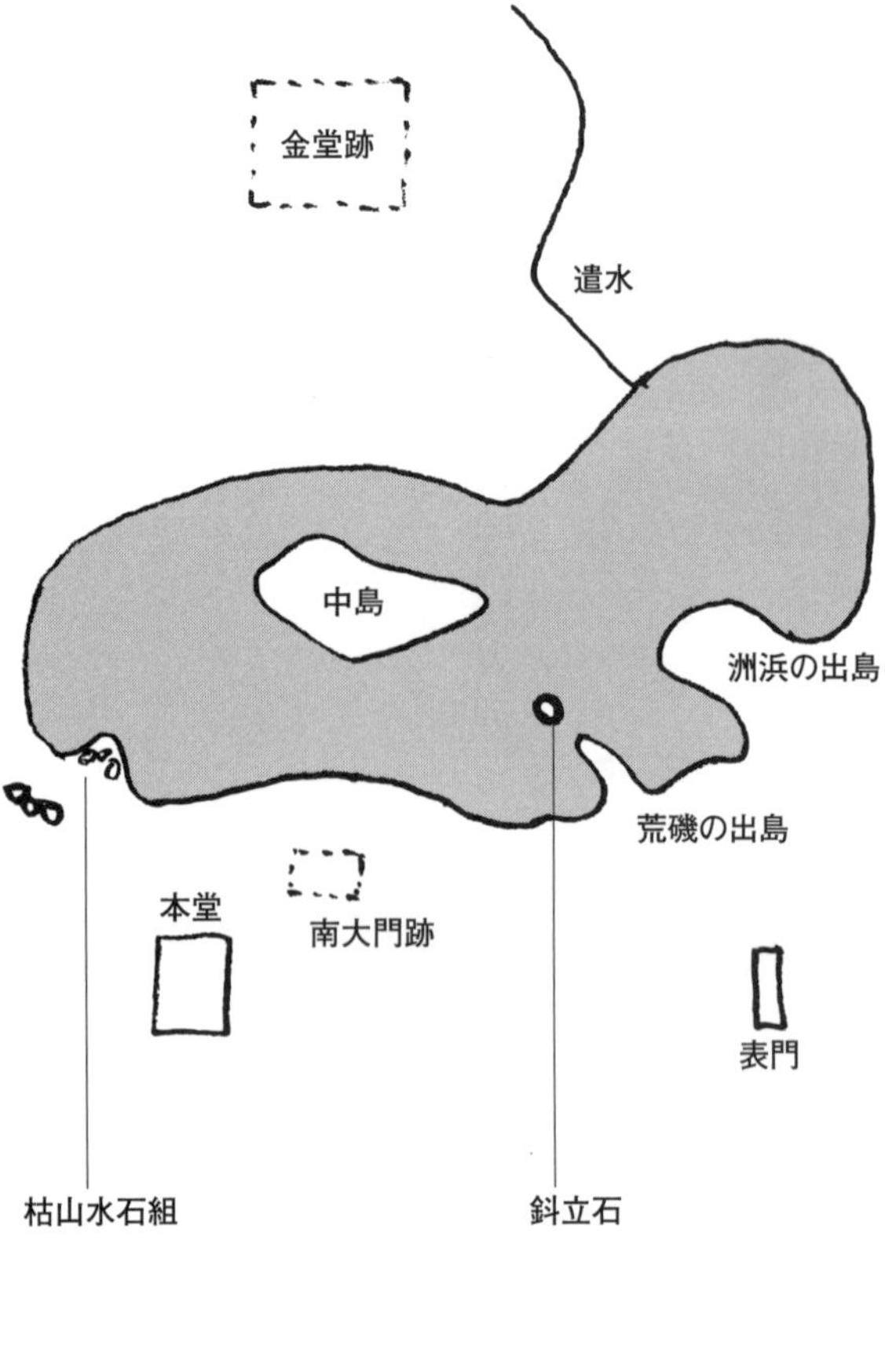
金堂跡
遣水
中島
洲浜の出島
荒磯の出島
本堂
南大門跡
表門
枯山水石組
斜立石

平安時代の池泉庭園

平安時代に入ると、それまでの基本的な考え方を継承しつつ、さらに自然の景の凝縮としての庭園造形を追求していくようになる。このことが、日本庭園独自の手法ともなり、池泉、石組、遣水といった要素はそのままに、「寝殿造《しんでんづくり》庭園」や「浄土式《じょうどしき》庭園」といった様式の誕生へとつながっていった。

ただし、寝殿造庭園や浄土式庭園とはいっても、このような用語は後世になってつけられたにすぎない。つまり、寝殿造庭園は、皇族や貴族の住居（寝殿）にともなったもので、浄土式庭園は、阿弥陀堂《あみだどう》など仏堂にともなったものである。基本的には、付帯する建物が異なっていることが、大きなちがいである。

ともに、建物の南（あるいは東）に池を造り、池中には島を造って橋を架《か》けた、池泉庭園である点が共通している。池には、遣水《やりみず》が引かれるが、これが建物の間や下をくぐりながら流れ、池の静的な美しさに対して、動的な水の景色を生み出す。遣水を流す方向などに決まりごとを設けていたが、それは禁忌に関連するものである。

鑑賞者は、建物の位置から眺めたり、池の周辺を歩いて「廻遊《かいゆう》」したり、あるいは池中に舟を浮かべて「舟遊《しゅうゆう》」したりと、さまざまな方法で池泉と接した。

みずからが移動することによって、変化に富んだ海洋風景を楽しむのが、廻遊の醍醐味である。島や出島、汀《みぎわ》の線などが重なり合うことで、変化の妙がドラマティックに生み出されるような構成になっている。

さらに、舟遊では、池の外側からは見ることのできない景色を得ることができた。舟に座って水面に近い位置から眺めると、立って歩くよりも目線はずっと低くなるため、それに対応した造形が工夫されなければならない。水上の浮遊感も、陸上にはない味わいを演出するのに手伝った。

残念ながら、寝殿造形式の建物や庭園は一例も存在せず、文献や絵巻《えまき》、発掘調査などによって、かつての姿をしのぶしかない。一方、浄土式庭園は、比較的多くの例が残っており、往時の優雅な雰囲気をいまに伝えている。

池越しに見る阿弥陀堂《あみだどう》、二本の橋

阿弥陀仏を中心とした極楽浄土の世界を、仏像、建物、庭園の三位一体《さんみいったい》によって表現したのが、浄土式庭園である。平安末期になると、人々を政情不安や疫病《えきびょう》の恐怖が襲ったが、その中で、ただひたすら死後に行きたいと願う理想郷を現世において表わしたともいえるだろう。阿弥陀仏がいらっしゃるのは、対岸の阿弥陀堂である。

寝殿造庭園と浄土式庭園の様式上のちがいで、もっとも大切なことは、鑑賞者が最初に池泉と出会うときの視点であろう。鑑賞者はあくまでも建物の側にいて、そこから池泉に入るのが、住居である寝殿造の特徴である。ところが、浄土式では、鑑賞者は最初、建物とは池をはさんで反対側（現世）にいるのであり、そこから池に架けられた橋を渡るなどして、対岸（浄土）の建物に向かう。

したがって、浄土式の空間では、建物と池泉の調和がもたらす第一印象が重要なものとなる。『浄瑠璃寺《じょうるりじ》庭園』（京都府加茂町《かも》）や『白水《しらみず》阿弥陀堂庭園』（福島県いわき市）などは、当時から現存する阿弥陀堂を池越しに見る景色がすばらしい。浄瑠璃寺庭園の中島には橋が架かっていないが、白水阿弥陀堂へは、中島に架けられた二本の橋を渡って向かうことができる。

ここで、先の神池《しんち》・神島《しんとう》のことを思い起こされた人がおられるかもしれない。このような古代の池では、聖なる島に、橋が架けられることはなかった。では、浄土式庭園の中島に、なぜ橋が架けられたのだろうか。答えは簡単で、浄土式庭園における中島は、阿弥陀堂のある向こう岸へと至る通過点にすぎず、それじたいに聖性は求められていなかったと

浄瑠璃寺庭園の池を、三重塔の側から見たところ。正面にあるのが、阿弥陀堂。阿弥陀堂の中心軸、中島の先端、石燈籠、三重塔を一直線に配し、ほとんど自然のように見える池に、一定のリズムを生み出す。このリズムが、浄土世界の秩序を表わしているのだろう

称名寺庭園の池。中島の両側に、平橋と反橋が架けられている

いうことである。

それゆえに、浄瑠璃寺庭園に神秘的な趣《おもむき》が感じられるのは、その中島に正面から橋が架かっていないから（現在は横から小さな橋が架かっている）という見方も成り立つ。

この章で紹介する『毛越寺《もうつうじ》庭園』（岩手県平泉《ひらいずみ》町）の中島にも、二本の橋が架けられていたが、いまはない。おもしろいことに、中島に二本の橋が架けられる場合、たいていは平橋と反橋《そりばし》の組み合わせである。二種類の橋を架けることで、景色の変化がもたらされるし、中央部が高く造られる反橋の下を舟でくぐることが可能になる。奈良時代の『平城宮東院庭園』がそうであったし、時代は下るが、『称名寺《しょうみょうじ》庭園』（横浜市金沢区）などもまた同様のパターンで、二種類の橋を持っている。

一方、池中の中島を広く造り、その上に阿弥陀堂を建てた例としては、『平等院《びょうどういん》庭園』（京都府宇治《うじ》市）がある。なんといっても、翼を広げたような阿弥陀堂（鳳凰堂《ほうおうどう》）が現存している点がすばらしく、浄土絵に描かれた世界がそのまま再現されている。池の対岸からは、当初より両岸を結ぶ橋は架けられておらず、かえって鳳凰堂が建つ、対岸の浄土の聖なるイメージを強調しているかのようだ。

平等院庭園の池は、近年、発掘調査で得られた成果に基づいて復元整備が行なわれている。鳳凰堂周辺の洲浜がよみがえり、埋もれていた小さな島も復元された。これにより、大海に浮かぶ浄土の世界をいっそう強く感じとれるようになった。境内の順路を進むと、はじめに鳳凰堂の横に出てくるのであるが、ぜひ池の対岸にまで回って、池越しの鳳凰堂を拝観していただきたい。これが、浄土式庭園との正しい出会い方であると思う。

このほか、京都市の郊外には、平安時代の池泉庭園がいくつも残されている。『勧修寺《かじゆうじ》庭園』（山科区《やましな》）には、現在三つの島があるが、かつてはもっと多かった。島の数が増えると、移動したときの景色の変化も大きくなるのは、いうまでもない。おもに舟遊で楽しむ池だったのだろう。

大覚寺《だいかくじ》の『大沢池《おおさわの》』（右京区）は、嵯峨《さが》天皇の離宮の池であった。池のほとりには、古くから「滝の音は　絶《た》えて久しく　なりぬれど　名こそ流れて　なほ聞こえけれ」の和歌で知られた名古曾《なこその》滝があり、これは滝石組の名残である。大沢池の東、『広沢池《ひろさわの》』は、旧遍照寺《へんじようじ》の池泉庭園の跡といわれる。

『西芳寺《さいほうじ》庭園』（第三章）や『鹿苑寺《ろくおんじ》庭園』（第五章）も、古い池泉庭園の跡をアレンジしたものである。京都市中に近いという制限のなか、大きな池を造ることのできる場所はかぎられているし、土を掘って水を引くところから造るには費用もかかるので、このような古

洛北の古くからの景勝地、大沢池も、庭園跡である。池の中には、二つの中島と、三つの岩島が残されている。正面の洲浜を持つ中島が「菊《きく》が島」、その右側に浮かぶ岩島が「庭湖《ていこ》石」。さらに右側に、いちばん大きな中島があって、これだけ橋が架かっている。手前に見えているのは、遣水の跡である。

い池泉の再利用は通常的に行なわれた。

そして、都から遠く離れた東北の地にも、毛越寺庭園や白水阿弥陀堂庭園など、浄土式庭園の庭園遺構が複数残されている。毛越寺のある平泉には、『旧観自在王院庭園《かんじざいおういん》』や『旧無量光院庭園《むりょうこういん》』などの庭園遺構もある。それらの規模と内容からも、奥州藤原氏の栄華を十分に推《お》しはかることができよう。

巨大な池と中島

毛越寺は、ＪＲの平泉駅より、まっすぐ西へ進んだところに、広大な敷地を誇っている。途中、右手に曲がると中尊寺《ちゅうそんじ》へ至る道があり、毛越寺のすぐ手前右側には、旧観自在王院跡のこれまた広大な敷地が見える。

表門をくぐると、池の東南岸に出てくる。平安末期、奥州藤原氏の二代基衡《もとひら》が寺を再建したとき、造られたと推測される池泉庭園であるが、予備知識がなければ、まず目の前に現われた池の大きさに驚くにちがいない。東西が約一八〇メートル、南北は約九〇メートル。横長の「大泉池《おおいずみがいけ》」である。まさに、『作庭記』にもあるとおり、自然の海を写した「大海様《たいかいよう》」の表現と思われる。池のほぼ中央には、東西約七〇メートル、南北約三〇メートルにおよぶ、これまた大きな中島が造られている。

一般的な鑑賞路としては、正面にある本堂で参拝し、右手に池を見ながら廻遊することになるだろう。

およそ日本の名庭といわれるものは、多くが京都にあるが、この毛越寺庭園は、地方にありながら、たいへん人気のある庭園である。見ようによっては、だだっ広い自然の池のように思えなくもない。しかし、その周囲をめぐるうちに、いつしか訪問者の心はとらえられてしまう。私も、この近くを訪ねたときには、かならず立ち寄っているほどだ。庭についてあまり知識や興味のない人たち、庭で飯を食っているような人たち、ともに魅了してやまない、普遍的な美がある。

その理由のひとつは、まずもって周辺環境のすばらしさだろう。山と木々に包まれたところに、青い水をたたえた池が静かにたたずんでいる。観光客のざわめきさえ、鳥の声のように聞こえてくる。晴れた日には、池の水面が木々の緑を映し出し、雨の日には、霧が立ちこめる。夕刻に西日の差した景色がすばらしい。冬の雪景色も格別である。

とはいえ、この池は、創建以来、ずっと庭園として守られてきたわけではない。嘉禄《かろく》二（一二二六）年と天正《てんしょう》元（一五七三）年の二度にわたる大きな火災で、すべての建物は失われ、長らく土壇《どだん》と礎石《そせき》を残すのみとなっていた。池の北側には、いまも円隆寺《えんりゅうじ》金堂《こんどう》の跡があるが、現在の毛越寺本堂は、池の手前、南側に平成になって新しく建てられた。ここは、かつて南大門があった場所の近くである。

また、すでに述べたとおり、創建当初はあった橋も、いまはない。記録によると、南大門のあったところから中島の南岸までには一七間(約三一メートル)の反橋が、中島の北岸から金堂の前までには一〇間(約一八メートル)の平橋がそれぞれ架かっていたとある。ただ、幸いなことに、橋の四隅に据えられた「橋挟石《はしはさみいし》」や、南の反橋の橋杭《はしくい》は残されており、大面取《おおめんとり》(角柱の四隅を落とす加工)をほどこされた直径二七センチメートルの橋杭二本だけを抜きとり、宝物館に展示している。

数ある浄土式庭園の代表例として、この池泉庭園を選んだが、浄瑠璃寺、平等院、白水阿弥陀堂といった、当時の建物が現存する庭園とくらべると、やはり一抹《いちまつ》の寂しさはある。しかし、中島を結ぶ朱塗りの橋が復元され、池の向こうに壮麗巨大な堂宇《どうう》が再建されればよいのかといえば、そういうわけでもあるまい。浄土式庭園としてのあるべき姿を求めることで、これまで大多数の毛越寺庭園ファンが抱いていた印象は、かえって失われてしまうかもしれない。私は、中島に橋の架かっていない毛越寺庭園が好きである。建物を喪失した庭園は廃墟《はいきょ》であるはずだが、私たちがそれに美を感じるのは、なぜであろうか。

毛越寺庭園は、阿弥陀堂や橋がなくとも、随一の浄土式庭園に変わりない。これが、この池泉庭園の普遍的な価値を表わす、もうひとつの理由でもある。一見して自然の池のように感じられるが、実は日本庭園の古い手法がいたるところに残されているのだ。

ひとつが、中島の形状である。正面から見て横長に造られ、護岸は、小さな石を敷きつめ、ゆるく勾配《こうばい》をつけた洲浜《すはま》になっている。この形状は、先にあげた『平城宮東院庭園』や、日本最古の庭園跡である『飛鳥京跡苑池遺構』にある中島とほとんど同じで、日本庭園最初期からある造り方だったのだろう。鎌倉時代に造られた称名寺庭園の中島もまた、この形状だったことが、発掘調査などからわかっている。少なくとも飛鳥時代にあった手法が、平安、鎌倉と継続していて、五〇〇年以上も用いられていたことになる。

斜《なな》めに立てられた大石

そして、毛越寺庭園の最大の見どころは、表門をくぐって、すぐ正面に現われる豪勢な石組である。岸辺から、池中に向かって力強い石組が突き出し、その先には、約二メートルはあろうかという斜立石《ななめたていし》が据えられている。

この斜立石は、庭園に入ったあたりからは左側に大きく傾いて見えるが、右回りに進むにつれ、徐々に石は垂直に立ちはじめ、本堂前あたり、かつては橋のあった地点まで来ると、ほぼ垂直になる。さらに池の周囲を進んでいくと、今度は右に傾きはじめる。斜立石について、まっすぐ立てられていたのが倒れたのだろうとする向きもあったが、それが美的に計算された傾斜であることは明白だろう。ぜひ、庭内のいたるところから、どのように見えるかをみなさんの目で確かめていただきたい。

池泉の景は、明らかにこの立石を中心に展開しており、石の見立てと立て方の妙は、池泉全体の造形美を象徴しているかのごとくである。すなわち、この池泉庭園の主石ともいえるのが、この斜立石だ。池泉の主石とは、池を海に見立てたとき、蓬莱の島に当たる石である。斜立石が出島の先から少し離れて小さな島の形を造っているのも、そのことを表現しているのかもしれない。

私の祖父、重森《しげもり》三玲《みれい》も、昭和十四年に『東福寺《とうふくじ》本坊《ほんぼう》庭園』（京都市東山区）を作庭するとき、まさにこの斜立石を意識して、蓬莱島《ほうらいとう》の主石を立てている。その造形美は、現代の日本庭園にも多大な影響を与えたのだった。

ひときわ高い斜立石に目を奪われるが、その手前の出島に築かれた石組もすばらしい。

毛越寺庭園の中心をなす斜立石。それは、屹立《きつりつ》する島山であり、蓬莱の姿を表現したものにちがいない

左に傾いていた斜立石も、池の南にさしかかると、垂直に立つ。この位置が毛越寺庭園の本来の正面であるから、参拝者が最初に見る姿は、垂直なのである。それが、見る位置によって、傾きを持っていることがわかり、意外性を与える仕かけになっている

右に傾く斜立石。景色の劇的な変化は、廻遊式庭園の醍醐味というべきものだろう

斜立石の手前にある、荒磯の石組。斜立石とは分離しているが、一連の造形として、毛越寺庭園の中心的な景色を構成する

これは「荒磯様《ありそよう》」と称され、『作庭記』に、「大海様ハ、先《まず》あらいそ（荒磯）のありさまを、たつべきなり」と記された手法によっている。荒々しい海岸の景にならって石を立てることで、池は海さながらの景となる。

その石組は、私のような庭園にかかわる現代人から見ても、ただただ感心するばかりの洗練されたものだ。実は、斜立石をのぞいて、ほとんどの石は低く伏せられているのだが、なぜ、これほど力強い組み方になるのか。本当に不思議でならない。さりげなくバラバラと置かれているように見えて、全体で見ると、みごとにまとまっている。出島それじたいは、途中から水没しているため、斜立石の周辺は、独立した島となっている。不安定なようでありながら、絶妙のバランスを保っており、正面からでも、横からでも、その美しさは際《きわ》だっている。

『作庭記』には、「立石口伝《たていしくでん》」として、「石をたてんにハ、まづおも（主）石のかど（角）あるをひとつ立ておおせて、次々のいしをバ、その石のこはん（乞わん）にしたがいて立べき也《なり》」という記述がある。おそらく、この池泉庭園の作者は、『作庭記』の内容を熟知していたにちがいない。主石をひとつ決めて立ててから、この主石が物語るところにしたがいながら、まわりの石を配置していけば、全体の調和が生まれることを知っていた。

池泉に臨《のぞ》む枯山水

毛越寺庭園には、もうひとつ、すばらしい石組がある。これが、枯山水の初期例であるなどといったら、多くの方は、そんなものあっただろうかと思われるにちがいない。それは、池の西南隅、池中に張り出した築山《つきやま》の上に造られている。いまの本堂の先を少し行った地点である。

築山は四メートルほどの高さで、松の木が何本か伸びている。そこの石組に、自然の浸食によって穴の開いた、ゴツゴツとした石を用いていることから、遠目から見て、海岸の景を意図したのは確かだろう。これもまた、大海様の中に造られた荒磯である。

ただし、出島にあった荒磯様の石組と異なる点は、それが池の護岸の一部として取り込まれていたのに対して、この築山の石組は、なかば独立したかのような存在であり、さらに豊かな表現を持っていることだ。築山の中に入ると、まさに山あり、谷あり、枯滝ありの情景で、大海に面した日本の国土を表現しているかのように見えなくもない。この石組は、築山に上って鑑賞されることを念頭において造られているのが明らかだ。平坦な廻遊路の中にあって、「山に入る」という体験ができる唯一の場所でもある。

やはり『作庭記』の中に、「池もなく遣水もなき所に、石をたつる事あり。これを枯山

毛越寺庭園の枯山水部分。改めて見ると、驚くべき石組の力を示している。ただの護岸とは思えないほど、荒磯の風景を迫真的に表現し、ちょうど反対側に位置する、斜立石と出島の部分と対をなす

池に突き出すようにして造られているが、独立した石組としても評価できる。これは、日本の山河の景色を写した枯山水と見るべきだろう

水となづく。その枯山水の様ハ、片山のきし（岸）、或《あるいは》野筋《のすじ》などをつくりいでて」と記されているが、ここでいう「片山のきし」とあるのが、それであろう。

枯山水といえば、白砂や苔の上に、石を並べたものだけを想像しがちであるが、かつては、このように池の隅に山水の景を表現したものを示していた。こういった造作を、専門的にはとくに「前期式枯山水」と呼んで、鎌倉後期以降に発展する枯山水と区別することがある。

あたかも自然の池のように見える庭内において、この枯山水は異質な造形とも思えるが、作者の石組の技術を発揮にするには、打ってつけの舞台でもあったといえる。

洲浜《すはま》の線の美しさ

荒磯様に造られた出島のすぐ東には、もうひとつの出島がある。こちらの造形は、まったく対照的だ。石組らしきものは見当たらず、横から見ると、ただ芝に覆《おお》われた砂州が、池中に細くスーッと延びている。

この出島に植えられた芝は、野芝《のしば》という日本古来のもので、特有の柔らかな印象を与えてくれる。出島は、池に向かってなだらかな勾配をつけられながら落ちていき、水際には

細く延びた、おだやかな洲浜様の出島

ところが、同じ出島を正面近くから見ると、このとおり幅広い。毛越寺庭園の作者は、各方位から見る景色のいっさいを計算しており、広い池をわがものにしているかのようだ

広々と玉石が敷きつめられる。池はいっそう浅く造られ、水位の昇降に応じて、洲浜は姿を大きく現わしたり、あるいは隠れたりする。日本庭園の草創期から用いられている手法のひとつであるが、これほど大規模でありながら、柔らかくゆったりと造られたものは、毛越寺庭園のものをおいて、ほかにないであろう。

出島だけでなく、池の護岸《ごがん》の半分以上が、小石をおく洲浜の手法で造られている。池中に浮かぶ大きな中島の周囲も洲浜である。この池泉庭園が、王朝文化のころの優雅さを残しているのも、この印象が大きく影響している。

ところが、横から見ると、繊細な線を持つ出島も、正面に回ってみれば、あまりに幅広く造られていることに驚かされるであろう。バランスを崩してしまうのではないかと心配になるくらい太いのだが、池面をはさんで遠くから眺めると、やはり美しい線を描いて現われてくるのである。この繊細な印象の出島と、雄々しい荒磯様の出島とが織りなして、汀の情景に変化を生み出している。

中世に向かって、護岸は石で固められる傾向が強くなっていく。ゆえに、古代の趣《おもむき》を伝える洲浜は、いっそう美しく引き立って見える。

古式ゆかしく造られているのは、池の東北にある遣水《やりみず》も同様である。曲がりくねった流

小石を敷きつめた洲浜の護岸。その存在によって、部分的にほどこされた石組のすばらしさも引き立っている

自然の小川のような、柔らかい遣水の表現

れの護岸は、芝や洲浜が主で、時おり小さな石が置かれている程度だ。滝のあたりは、石組らしきものがあるが、それでも表現は抑えられており、十分に上品な風情を保っている。約八〇メートル続く遣水部分は、はじめて訪れたときはまだ発掘作業中であったが、現状のように復元され、日本を代表する浄土式庭園の面目《めんぼく》を新たにした。

第三章　西芳寺《さいほうじ》庭園

——苔に覆《おお》われた極上の空間

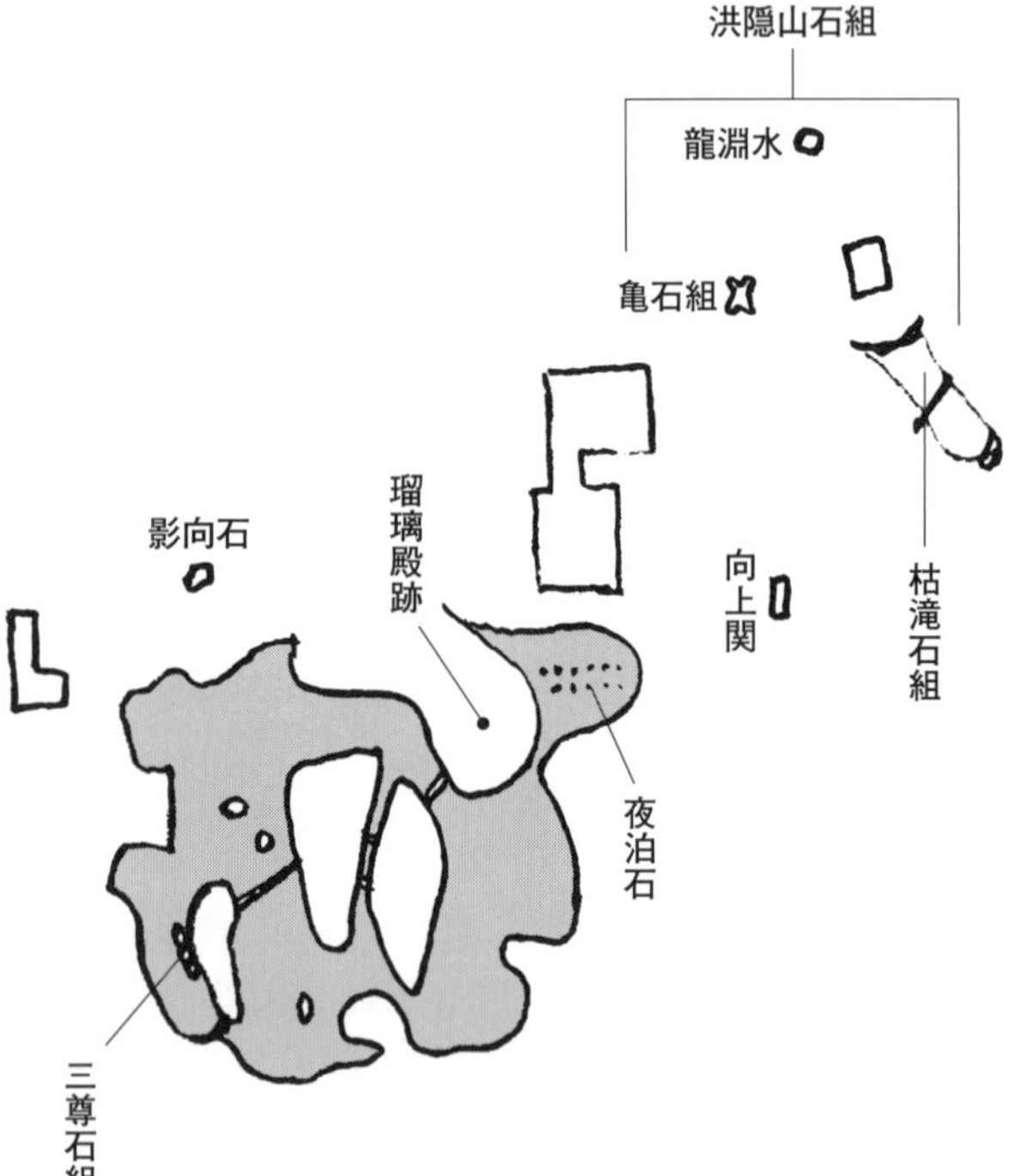
洪隠山石組
龍淵水
亀石組
枯滝石組
向上関
瑠璃殿跡
影向石
夜泊石
三尊石組

苔の美が意味するところ

洛西《らくさい》の名刹《めいさつ》、西芳寺《さいほうじ》は、俗に「苔寺《こけでら》」として名高い。生物学者にとっては垂涎《すいぜん》の地衣類の宝庫であるが、庭園ファンにとっても一度は訪れたい場所である。

昭和三〇年代、折しも京都観光ブームが起こり、この苔寺の美は広く喧伝され、観光客が大挙して押し寄せた。そして、一部の心ない人によって、この庭園の生命線でもある苔が荒らされ、その対応に苦慮した寺は、一大観光地となっていた門を閉ざし、現在もつづく拝観制限のシステムに踏み切った。現在では、拝観予約した訪問者だけが、お堂で般若《はんにゃ》心経《しんぎょう》を写し、身も心も整えてから、庭園に入る。また、平均的な拝観料と比べれば、ずっと高額の冥加《みようが》料を納めることとなった。

誰もが気軽に立ち入れる庭ではなくなったが、ふたたび静けさは取り戻された。それでも『西芳寺庭園』を訪ねる人の大きな目的が、庭内を覆いつくす苔の鑑賞にあることに変わりないだろう。庭園の美とは、そもそも苔の美しさにあるのではないかと考える人もおられるかもしれない。苔で覆われた世界に、侘《わ》びを感じとってきたのが、日本人の情緒であるからだ。

実のところ、この一面の苔は、当初からあったものではない。池に浮かぶ大小の島々は

積み重なる苔に埋もれた西芳寺庭園の池泉部分。目の前には、時が止まったかのような世界が広がっている

白砂が敷かれ、池の周辺には、堂々たる楼閣《ろうかく》などが建てられていたのが、本来の姿である。木々もいまのように鬱蒼《うっそう》とはしていなかった。湿り気や侘びとはむしろ真逆の、明るく輝ける理想郷がここに築かれていた。

苔に覆われた庭園は、典型的な庭園の姿ではない。応仁《おうにん》の乱などによって当時の建築がことごとく失われたいま、それはやはり廃墟となり果てた姿というべきであろう。その姿は、まさしく自然に返っていく過程にあるといってよい。

しかし、建物が失われ、苔の中に埋もれたが、その庭園はいつしか新たな価値をともなってよみがえった。どれほどの自信家がいようとも、苔を引きはがして、往時の西芳寺庭園を復元しようとは考えないであろう。このことが、現状の西芳寺庭園に対する評価を如実に表わしていると思う。

つまり、苔があるからこそすばらしいのではなく、苔もあってすばらしいのが、この庭園の名庭たるゆえんなのだ。

「夢窓疎石作庭」というブランド

西芳寺を再興した夢窓疎石《むそうそせき》は、十四世紀前半に活躍した臨済宗《りんざいしゅう》の僧である。西芳寺だけでなく、『天龍寺庭園《てんりゅうじ》』（第四章）や『瑞泉寺庭園《ずいせんじ》』（鎌倉市）を代表として、多くの禅宗寺院で作庭に携《たずさ》わったと伝えられている。ただ、作庭に関わったといっても、それが現在のどの部分に当たるのかはわからないのである。ほかにも「夢窓疎石作庭」をうたう庭園は全国に散見されるが、こちらの真偽のほどは明らかではない。作庭の事実どころか、夢窓疎石とはまったく無縁のところ、ちょっと立ち寄っただけというところも含まれているにちがいない。

すばらしい造形だからといって、著名な歴史上の人物が手がけたとはかぎらない。しかし、人というのは、美しいものを目にしたとき、それは神仏がこしらえたものか、あるいはひとかどの人物の手によるものかと、つい考えがちである。現実はといえば、名庭を築いたのは、名もなき人たちだった。その庭を造ったということで知られるにすぎない、石《いし》立僧《だてそう》や河原者《かわらもの》であり、もっと多くの庭園の場合、作庭者の名前すら残されていない。これは、絵画や仏像など、あらゆる美のジャンルにおいて、共通していえることである。

それでもなお、多くの庭園が夢窓疎石や雪舟《せっしゅう》の作庭をうたっているのはなぜかといえば、そのブランドに絶大な世間の評価があるからだ。私たちが、それを渇望《かつぼう》しているからである。いま一度、立派な人が造ったからすばらしいのではなく、目の前にあるその造形がすばらしいのだということを確認していただきたい。それを見極める目を養わないと、ブランド至上主義に振り回されることになってしまうのではないか。

西芳寺庭園についていえば、その作庭に夢窓疎石が関与したのは事実である。しかし、それがどの部分であるかは、いまとなってはわからない。庭内の造形を見ると、もっと古い手法を思わせるところが多く見受けられ、島の造り方や護岸石組の一部は、明らかに彼の時代のものではない。夢窓疎石が入山する一三〇年も前に、庭園部分は完成していたという説もあるくらいだ。

かつては、西方浄土寺とも呼ばれていたというから、浄土式に造られた庭園だったのだろう。これを夢窓疎石が、暦応《りやくおう》二（一三三九）年、西芳寺という禅宗寺院に再興した。このとき、夢窓疎石が池のまわりに多くの建築を整備したことは、史実にある。その代表的なものが、瑠璃殿《るりでん》という朱塗りの二層楼閣建築であり、ちょうど現在の金閣や銀閣が朱色に塗られた姿を想像していただければよいだろう。

のちの室町将軍たちは、この夢窓疎石の西芳寺にあこがれ、模倣した。それが、三代将軍足利義満《あしかがよしみつ》による『鹿苑寺（金閣寺）庭園』と、八代将軍義政《よしまさ》による『慈照寺《じしようじ》（銀閣寺）庭園』である。とくに義政は、ここを何度も訪れていたことが記録に残っている。

小さな池の中に、整然と並ぶ石。自然の景色を写した庭園の中にあって、有機的な景観が、神秘的な印象を生み出している。そのため、後世に多くの人の興味を引くところとなった

夜泊石《よどまりいし》の謎

夢窓疎石が建てた瑠璃殿は跡形もないが、その存在をうかがわせる遺物がある。これが、俗にいう「夜泊石《よどまりいし》」である。

西芳寺庭園の中央にある大きな池（ただし、島がいくつもあるので、ひとつの池として把握しづらい）が「黄金池《おうごんち》」だが、黄金池の北方にも小さな池があって、瑠璃殿は、その二つの池にはさまれた狭い敷地に建っていた。

夜泊石は、黄金池北方の小さな池の中に、一五、六個の石が二列になって並ぶ。いずれの石も苔むして、なかにはヒョロヒョロと細長い木が生えている。しかし、自然さながらの周囲の環境にあっては、その有機的に並べられた外観はひときわ目立つ。そのため、何を意図した造形なのか、たびたび議論されてきた。

ひとつは、瑠璃殿へと架けられた橋の脚の基礎が残ったとする説。

そして、もうひとつが、夜泊石説である。この名称は江戸時代から用いられていたが、重森三玲は、西芳寺にあったという「合同船《ごうどうせん》」の名称に着目する。そこで、蓬萊へ向かう船団が、夜のうち船溜《ふなだ》まりに停泊している姿を抽象的に表現したものと考えた。

記録にある合同船は、建造物であったとする説がもっとも有力になっている。本来建物の基礎とするべき石は、だいたいにおいて形や大きさなどが統一されるものだが、西芳寺庭園の夜泊石は、すべてがバラバラの大きさで、しかも、その高さは大きく異なっている。

このようなことから、この石の上に建てられていた合同船が消失したのちも、合同船という言葉が残り、また、基礎となる石が残されたが、その石の形と配置のバランスがあまりにも絶妙なので、いつしか夜泊石と呼称されるようになったのではないだろうか。それを重森三玲が、夜泊石という、すぐれた意匠として取り上げたのである。

古い庭園では、『積翠園《しやくすいえん》庭園』（京都市東山区）や『宗隣寺《そうりんじ》庭園』（山口県宇部《うべ》市）などにも、同様の意匠が見られ、いずれも夜泊石と呼ばれている。合同船の解明が行なわれる以前の、庭園の中に秘められた物語性がいまもつづいている。

夜泊石という考え方は、そこに抽象表現があるとする見方が、いつしか日本庭園の豊かな意匠となり、現代庭園には、これを再現した作例も多い。史実とはまた別のところで、蓬萊に向かう船団の表現という夢のある解釈が、日本庭園の新たな要素のひとつとして定着しているといってよいであろう。

中島の三尊《さんぞん》石組

黄金池には、大きな中島が三つと、いくつかの岩島がある。島の比重が大きいので、小さな池がいくつも重なっているように見える。夢窓疎石が再興した八年後に、光厳上皇《こうごんじょうこう》が訪ねて舟遊びをされたと記録に残るが、どういった経路で舟を進めたのか、興味深い。池中の景は、複雑を極めていたことだろう。

池の中央に位置する二つの大きな中島は、密接しており、ほとんどひとつの島のようだ。この池が造られたころは、どうだったのだろうか。二つ並ぶ中島のひとつが、もとからあったもので、もうひとつはあとから造られたのか。それとも、ひとつの島を二つに割ったのか。いずれも、護岸に目立った石組はない。全面が盛り上がった苔に覆われているため、低い石は埋もれてしまっているのかもしれない。

一方、この二つの島の南側に、もうひとつ小さな中島があるが、その護岸には、見どころのある石組がいくつかある。池を廻遊していると、島の南岸に三個の石が並んでいるのがわかるだろう。真ん中の石は大きく、平たい面をこちらに向けている。その両側には、少し手前に寄り添うようにしてやや小さな石が置かれている。あたかも中尊《ちゅうそん》（如来《にょらい》）を中央に二体の脇侍《きょうじ》（菩薩《ぼさつ》）が並ぶ三尊の姿だ。このような石組を「三尊《さんぞん》石組」という。

中島の正面に据えられた三尊石組。きわめて抽象的な表現であるが、あたりの景色に溶け込んでおり、意識をしないと見分けがつきにくい

『作庭記』にも、「石をたつるに、三尊仏の石ハ立ち、品文字《しなもじ》の石ハふ（伏）す、常事也《つねのこと》」とあるように、三個の石を上から見て三角の形となるように置く手法は、古くから一般的なものとされていた。『作庭記』では、高いものと低いものとをそれぞれ「三尊仏」と「品文字」とに分けているが、いまはどちらも三尊石組と呼んでいる。

この名称は、基本的にはその形状から来るものである。かならずしも宗教的な動機の表出ではないが、自然さながらの景において、このような不自然な（抽象的な）造形があれば、おのずから目を引く。そこに超然とした何かを感じずにはいられないわけだが、古代の作庭家は、人間の心理をよく知っていたのだろう。

したがって、いくつか日本庭園をめぐってみれば、この三尊石組が至るところに造られているのがわかる。あるものは、庭の中央に主石《しゆせき》として堂々と立てられており、またあるものは、大規模な石組の中にこっそりと仕組まれている。滝石組と三尊石組を兼ねたものも多くみられる。それでも、真っ先に視界に飛び込んでくるから、慣れというのは恐ろしい。点が三つあれば、幽霊の顔に見えるという話を聞いたことがあるが、石が三つ並んでいれば、三尊石組として認識されてしまう。単純にして、もっとも印象的な技法というべきだろうか。

鹿苑寺庭園にも、やはりこの三尊石組がある。場所は、金閣から見た正面、いちばん大きな中島の中央である。西芳寺のそれと形状こそ異なるが、存在のしかたは驚くほどよく似ている。どこまで似せれば気が済むのかといわんばかりだ。

慈照寺庭園では、東求堂《とうぐどう》の前にある中島の護岸が、三尊石組である。また、『醍醐寺三宝院庭園《だいごじさんぼういんていえん》』（京都市伏見区）の主石・藤戸石《ふじといし》は、三尊石組の中尊に仕立てられている。およそ三尊石組のない庭を探すほうが難しいくらいだが、その古い例として、西芳寺庭園の中島にある、三尊石組をあげることができる。

影向石《ようごういし》と遣水《やりみず》

黄金池にも、遣水が流れている。おそらく夢窓疎石の再興以前に造られたものだろう。毛越寺庭園のそれとはまったく印象がちがっていて、力強い石組で造られている。長らく苔の下で眠っていたために、かえって当時の姿をよく残しており、たいへん貴重なものである。そのわりに、あまり取り上げられることがないのが、不思議なくらいだ。

よく見ると、ひとつ注連縄をかけられた石が目につく。これを「影向石《ようごういし》」と呼んでいる。影向とは、神仏がこの世に現われることで、西芳寺の少し北にある松尾《まつのお》大社の神が

西芳寺庭園が古い池泉庭園の遺構であることを物語る遣水部分。その中にある立石のひとつが、のちに神聖視され、影向石と呼ばれるようになった

下りてきたものとされている。この石は、周囲の石に比べてやや高く立てられてはいるものの、もとは遣水を構成する石のひとつだった。長い歴史の中で、景石《けいせき》が庭園の主石にまで高められたのであろう。

敷地の南端に、千少庵《せんのしょうあん》の建てた茶席「湘南亭《しょうなんてい》」があるが、この前あたりから、遣水の全体がよく見渡せる。

枯山水の独立

さらに、もっとも石組のすばらしさを堪能できるのが、池の北方、少し離れたところにある「洪隠山石組《こういんざん》」である。ちなみに洪隠山は、西芳寺の山号である。下段の池泉庭園のすばらしさもさることながら、私にとってのクライマックスは、やはりこの上段に築かれた石組群をおいてほかにない。

先の夜泊石を横に見ながら進むと、山すそに「向上関《こうじょうかん》」という門が見えてくる。そこから石段を上ると、広い敷地に出るが、まもなく眼前に現われるのが「亀石組《かめいしぐみ》」だ。亀石組は、文字どおり上から見た亀をかたどった造形で、亀の頭に当たる石と四本の脚《あし》に当たる石が認められる。

洪隠山石組の亀石組。右端の立石が、亀頭石である

枯滝石組のうち、手前側の石組の一部。階段状の造形が興味深い。これも滝石組であり、左手前に見える石が水分石だと思われる

見どころの多い西芳寺庭園の中でも、私がもっとも心ひかれるのが、この洪隠山石組の枯滝石組だ。当初より枯滝として造られたと思われるが、生得の山水をみごとに表現している。いちばん奥に上段の滝を組み、その手前を二段の低い滝石組で囲む。おそらく地形を利用した結果だろうが、ほかに例を見ない、すぐれた構成

亀石組を左に見ながら、さらに石段を上がると、みごとな「枯滝石組」がある。なだらかな勾配に沿って、奥へと二段の滝石組がつづき、その最奥部では、もう一段の滝が高く組まれており、「三段の滝」を表わしたものとわかる。階段のように見える構造も、三段落ちの中の水落石《みずおちいし》である。

水は流れていないのに、まるで豊かな水量が落ちているような錯覚にとらわれる。雨の日、滝さながらに水が流れていたという話を聞いたことがあるが、一度この目で見てみたいものだ。こういった造形を目の当たりにすると、枯山水もまた、『作庭記』がいう「生得《しょうとく》の山水」であることを痛感させられる。全国の古庭園にある枯滝石組の中でも、これにまさるものはないというのが、私の偽《いつわ》らざる気持ちである。

また、敷地の一角には、「龍淵水《りゅうえんすい》」という泉があり、この石組もすばらしい。右手にある天の平たい石が、夢窓疎石ゆかりの「坐禅石《ざぜんいし》」である。

このように西芳寺庭園は、下段の池泉と上段の枯山水という二段構えになっているのだが、慈照寺庭園もこれと同じ二段構えの構造を持っている。義政の脳裏《のうり》に、洪隠山石組があったことは確かだろう。

洪隠山石組が登場するまで、枯山水は、『作庭記』が記したように池泉庭園の一部として造られた。もっとも古い例としては、前に触れた『平城宮東院庭園』がある。

時代は下って、園城寺《おんじょうじ》金堂《こんどう》わきの閼伽井屋《あかいや》付近の石組遺構がある。閼伽井屋は、泉を保護するための建造物で、この泉は、園城寺の別名である三井寺《みいでら》の由来にもなった聖域である。閼伽井屋内部の石のしつらえもたいへん見ごたえのあるものだが、この建物の外側に築かれているのが、枯山水の初期の例とされている。平城宮東院庭園のものから見て、ずっと自然で、洗練された造形となっており、その後の庭園遺構とくらべても、なんら遜《そん》色《しょく》がない。

これに毛越寺庭園の築山石組を加えたあたりを、前期式の枯山水とし、私たちが通常思い浮かべる枯山水と区別しているが、洪隠山石組は、ちょうどそれらの中間期に位置する枯山水といえるだろう。作庭されたのは、夢窓疎石が再興した時点か、その前後の時期と思われるが、それじたいに独立した作庭の動機を見いだせないにしても、けっして池泉庭園の一部というわけではなくなっている。

しかし、過渡期というのは、画期であると同時に、中途半端な時期ともいえるのかもしれない。洪隠山石組を独立した枯山水の先駆として認めようとしない見方は根強くある。その枯滝石組を通路と見なしたり、亀石組を碑《ひ》か何かの台座や建物の跡と見なしたりするのだ。記録がないので断定はできないが、それらの石組は、すぐれた庭園造形として見るにふさわしい緊張感をみなぎらせている。もし、この造形が通路や土台であったとしたら、造った人の感覚や技術は、むしろ驚嘆すべきものではないだろうか。問題は、その構造物が鑑賞するに値するかしないか、それだけのことである。

三井寺閼伽井屋付近にある石組。やや斜めに立てられた石と、天の平たい石とを組み合わせた、堂々とした造形で、枯山水の初期の例と考えられる

第四章　天龍寺《てんりゅうじ》庭園

——剛健な滝石組と美しい石橋

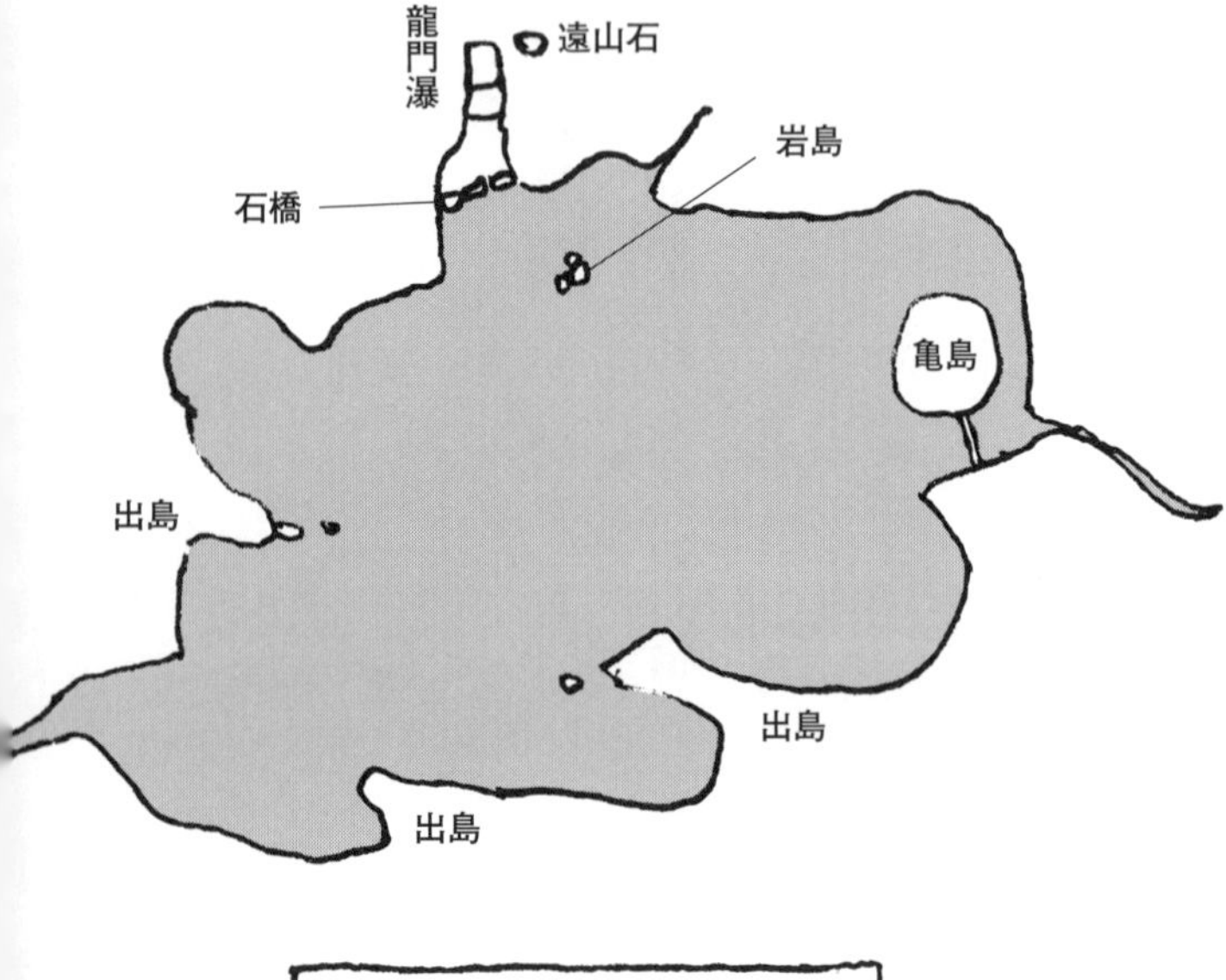
龍門瀑
遠山石
岩島
石橋
亀島
出島
出島
出島
方丈

由緒正しい池

天龍寺《てんりゆうじ》は、洛西の名勝嵐山《あらしやま》の一角にあって、渡月橋《とげつきよう》や竹林、野宮《ののみや》神社などとともに、ここを観光する人たちが、かならずといって立ち寄る禅宗寺院である。

ガイドブックには「嵐山を借景にして」と書かれていたりするのだが、実際は、相当引いてみて、その山の先がわずかに確認できる程度である。池の背後にある、こんもりとした小さな山は、嵐山ではなく「亀山《かめやま》」である。亀山を背景にした池の姿は、しばし時を忘れるほど美しい。まさに、池泉庭園が築かれるためにあるような場所といっていい。

亀山は、後嵯峨《ごさが》天皇や亀山天皇が亡くなられたあとに、火葬された聖地である。両天皇は、この地にあった亀山殿に住まわれていた。このような由緒を知っていれば、場所に対する特別な感情もいっそう深まるのではないだろうか。いま残る池も、その当時からある庭園の一部ではないかと考えられる。

その後、夢窓疎石《むそうそせき》が足利尊氏《たかうじ》にこわれて、後醍醐《ごだいご》天皇を供養するための寺院を亀山殿の跡地に建立したのが、天龍寺である。夢窓疎石が堂舎を建て、その際に池を整備したのは確かだが、作庭まで行なったという確証はない。池の地割や滝などの石組は、夢窓疎石の入山以前に造られていたのではないかとする説もある。もっとも、この庭園の築造時期

池泉庭園の背後にある亀山。池と山とが一体となって、別世界を造り出しているかのよう

が、寺の建立時期を下ることはないだろう。

夢窓疎石は、のちに「天龍寺十境《じっきょう》」という境内の見どころを選んだ。その十境のひとつ、「曹源池《そうげんち》」が、この池を指している。そのまま庭園を称賛したものと読みとれる。

この池泉庭園が、何よりもすばらしいのは、築造当時から大切に管理され、つねに人の目《め》によって愛でられてきたという点ではないだろうか。ほとんどの庭園は、大きく改造されてしまったり、途中いったん廃墟になったり、また長年のうちに埋《うず》もれて、のちに発掘復元されたりしたものであるからだ。

とくに滝石組、そのすぐ手前の石橋、立石《たていし》のある岩島《がんとう》などは、鎌倉時代から南北朝時代にかけて造られた、古い日本庭園の作法をほぼ完全に残す例として、たいへん貴重なものである。これらは、いずれも池をはさんだ向こう側にある。

天龍寺庭園を天下の名園と推す人は多いが、その実力を理解している人は、思いのほか少ないように思う。それも、庭園の中心である池の向こう側に近づけないばかりか、遠く離れており、しかも薄暗いので、なかなか確認しづらいという難点によるものであろう。この部分を十分に鑑賞するために、双眼鏡などを持参されることをお勧《すす》めする。

龍門瀑《りゅうもんばく》の庭

日本庭園史上最高の滝石組は、池の向こう側、築山のほぼ中央に築かれている。

現在は涸《か》れているが、もとは「生得《しょうとく》の滝」であり、戦前まで水が落ちていたことが知られている。当時は、山の上部から湧き出ていた水を引き込み、それが滝の水源となっていた。滝石組を調査した際に、水落石《みずおちいし》の裏側に空洞を設けて、そこに栗石《くりいし》をつめ、落水の音を反響によって増大させる工夫をとっていたことがわかった。ちょうど水琴窟《すいきんくつ》のような構造である。これにより、当時は落水の音を効果的にあつかっていたことが明らかだ。また水落石には、美しい平板な石を用いており、その上部を少し加工して、糸のように細い水流として落としていたものと推測できる。

この寺で庭園の説明を受けたとき、お坊さんが、「滝に水は流れていませんが、みなさんの心の中で滝の音を聞いてください」と話しておられた。なかなか気の利《き》いた説明である。そのとき、水の流れない滝のほうが、むしろ禅的かもしれないと思った。

この滝石組のすばらしさは、水が流れているかどうかではない。その石の巧みな組み方にある。滝石組は、築山の斜面にそって長々と続いている。水落石は、その中に三個立てられている。すなわち「三段の滝」である。

このように滝石組が三段あり、さらに「鯉魚石《りぎよせき》」を備えたものを「龍門瀑《りゆうもんばく》」という。これと同じ形式を持つ滝石組が、『常栄寺庭園《じようえいじ》』（山口市）、『光前寺庭園《こうぜんじ》』（長野県駒ヶ根市《こまがね》）、『東光寺庭園《とうこうじ》』（甲府市）などにも見られる。いずれも、鎌倉時代から室町時代にかけて造られた庭園である。

龍門とは、黄河《こうが》にある滝流れをいう。鯉《こい》の滝上りという言葉を聞いた方も多いだろう。その舞台が龍門である。ここには、みごと滝を上りきった鯉は、龍になるという伝承があったらしく、登竜門《とうりゆうもん》の語源となった。少し前、蘇州《そしゆう》の庭園で、建物外部の欄間《らんま》に、この登竜門を題材にした彫刻を見たことがある。それには、激流の中を泳いでいく鯉と、脱落した鯉が対照的に彫られていた。

要するに、凡夫《ぼんぷ》が努力して、ついに想像もつかないような立身出世を遂《と》げるたとえだが、そのような生臭い話が、なぜ禅の教えに受けいれられたのだろうか。個人的な考えを述べるなら、そこには、逆説的な意味が込められているように思う。

鯉は、たしかに体力のある魚であるが、鮭《さけ》のように急流をさかのぼっていくなどという話を聞いたことがない。体重が重いということもあるだろう。あるいは、餌が豊富な淀《よど》みに安住しているだけかもしれない。その凡夫たる鯉が一念発起《いちねんほつき》して滝を上ろうというの

南信《なんしん》の名刹、光前寺にある龍門瀑は、本堂の下に築かれた池に面し、さりげなく存在している。中ほど、やや斜めに立てられた先の細い石が、鯉魚石。本坊の庭園でもない場所に、なぜこのような立派な滝石組が造られることになったのかは謎だ

←（左ページ）天龍寺庭園の龍門瀑。ほとんどの石が垂直に立てられているのがわかる。それによって、謹厳な印象が強く表わされている。なかほどに見える、やや先細の鯉魚石も、正面からでは垂直に立つ（横から見ると斜めに立つ）。右上にある大きな石が、遠山石。手前にある表面の平らな石が、最下段の水落石である

だ。しかし、おそらく滝を上りきることはできないだろう。それでも、一生涯、強い意志は変わることがない。これこそが、凡夫が死ぬまでひたすら修行するという、禅の理念にかなうところではないだろうか。

龍門瀑は、その世界観を石組で表わしたものである。この見方が正しければ、龍門瀑あっての天龍寺庭園だということになるであろう。もしかすると、天龍寺という寺号も、これに関連しているかもしれない。もっとも私の勝手な思いつきにすぎないことをお断りしておく。

ひたすら滝を上る鯉の姿を表わしているのが、鯉魚石である。天龍寺庭園の鯉魚石は、いちばん下の水落石と二番目の水落石のあいだにある。まさに滝を上ろうと飛び上がっている様子を表現している。努力の結果、最下流の滝は上ったということだろう。

この水落石や鯉魚石を中心に、多くの石がみごとに組まれている。遠く対岸からでは上部が木々に隠れて鑑賞しづらいのだが、ぜひとも葉の落ちる冬に訪ねてほしい。滝石組の右上方に据えられた、ひときわ大きな石は、「遠山石《えんざんせき》」である。

遠山石は、文字どおり遠くにある山であるが、この世の向こう側にある蓬萊《ほうらい》も表わしている。仏教的にいえば、須弥山《しゅみせん》であろう。遠山石は、滝石組の上方ということにかぎらず、築山の頂上付近に置かれることが多い。細長い縦長の石が複数立てられることもあるが、ここでは、太古からそこにあったかのような、堂々とした根の太い石であり、滝ばかりでなく、まさに庭の主ともいうべき役目を持つ主石である。また、庭園や寺院の繁栄を見守る「守護石《しゅごせき》」でもある。この主石の存在によって、滝石組全体がより締《し》まって見える効果をもたらしている。

石橋と岩島《がんとう》の造形美

この庭園の滝石組の美は、それ単独によってのみ完成するものではない。滝のすぐ下におかれた石橋と、右手前の岩島がその美を支えている。

石橋は、三つの板状の石をほぼ一直線に並べたもので、自然石で造られた庭園の橋としては、日本最古の例である。長年の時間の経緯によってグレー色になっているが、もとは鮮やかな緑色であった。つまり、「青石《あおいし》」である。このように変色してしまうことを、専門用語で「錆《さ》びる」と表現し、これもまた味わいのひとつとみなしている。

いまや青石は、日本庭園で一般的に用いられる石材の中で、最上のものとされているが、基本的には京都産ではない。京都の近くでは、和歌山県や徳島県を代表的な産地とし、近世以降、とくにもてはやされ、この青石をふんだんに用いた豪華な庭園が造られるようになる。

青石と聞けば、まず絢爛豪華《けんらんごうか》というイメージが頭に浮かぶのだが、天龍寺庭園の石橋は、たいへん薄く、見た目も上品である。豪華というより、優雅の趣《おもむき》がある。かといって、けっして弱々しいというわけではなく、まるで刃物のような鋭さを漂わせている。このようなすばらしい石と巡《めぐ》り合うことも、その庭園に息吹《いぶき》を与えられるかどうかの大きな要因である。天龍寺庭園のすぐれた意匠も、まさにその千載一遇《せんざいいちぐう》の機会を得られたからこそ実現しえたといえる。

かつては、池の周囲を廻遊できたため、この石橋も渡っていたようだ。現在は、たいへん脆《もろ》くなってしまっているので、研究者でさえ通行できない。しかし、実際にこの石橋を目の前にすれば、渡ってみようという気にはとてもなれない。周囲を鎮《しず》めるような緊張感をたたえており、土足で踏まれることを拒むかのようだ。石橋といっても、世俗のそれではなく、仙境にある橋だ。

もうひとつ、滝石組や石橋の手前におかれた岩島《がんとう》の造形もすばらしい。大小の石が組み合わされているが、そのうちの一個が高く立てられている。このため、池中立石と呼ばれ

二個の石によって支えられた三枚の石橋。その鋭い造形は、人工的に造られた橋の最高峰だ

岩島は、鶴の首のように伸びた立石を中心に、少し離してやや斜めに立てる石、平石などを組み合わせ、複雑に造られている。その構成の妙により、見る方向で形を変える

岩島は、背後の斜面に展開する滝石組、石橋、護岸石組と重なり合って、さまざまな景色に変化する。
この中心部の変化こそが、天龍寺庭園の最大の見どころだろう

ることもある。

岩島は、もちろん池中にあるのだが、池の護岸から手の届きそうな近くにある。この絶妙な距離感によって、一帯の景観はより豊かなものとなっている。遠くから見るかぎり、とても島とはわからず、護岸の一部だと思うにちがいない。池を回り、近づいてみて、はじめてそれが島であると認識できる。そして、わずかに離れていることによって、滝石組や石橋とこの岩島の重なり方も、さまざまに変化する。まさに千変万化の景を楽しむことができるのだが、このような技法を当時の庭師が知っていたことに驚かされる。

天龍寺庭園の最大の見どころは、滝石組と石橋に、岩島が絡みあって生まれる景色の変化にあるといえよう。

最古の鶴亀蓬莱《つるかめほうらい》庭園か

蓬莱に流れを発し、滝を落ちた水は、この岩島を生み、さらに、池の北端にある唯一の中島へと結ばれていく。滝↓小さな島↓大きな島とつながるイメージは、移りゆく自然の姿であり、また長寿や繁栄の象徴であった。このイメージは、日本庭園の中で共通して再現されていく。

また、岩島の高く立てられた石について、鶴が首を長く伸ばした「鶴首石《かくしゅせき》」とみなし、これを「鶴島《つるじま》」とする見方がある。すると、北の岸近くに丸く造られた中島は「亀島《かめじま》」であろうか。そういえば、この島から少し離れて浮かぶ一個の岩島は「亀頭石《きとうせき》」に見えなくもない。鶴と亀は、蓬萊と同じく長寿や繁栄の象徴であって、鶴島と亀島もまた、おめでたいものとして、日本庭園の代表的なモチーフとなっていった。代表的な例に、江戸時代初期に造られた『南禅寺金地院庭園《なんぜんじこんちいん》』（第十章）があげられる。

亀と島の親和性は古く、中国では、仙人の住む島は巨大な亀（鼇《おおがめ》）の上に乗っているものと考えられていた。つまり、庭園の池に浮かぶ島とは、本来が亀島なのである。それが日本に伝わり、具象化された亀島、そして鶴島の表現が生まれたわけだが、その時期がいつなのかはわからない。『作庭記』には、「池はかめ（亀）もしはつる（鶴）のすがたにほ（掘）るべし」とあって、鶴亀の形に造られるのは、島ではなく、池である。ただし、庭園と鶴亀に関連があったことは事実であろう。

この鶴島・亀島と蓬萊を備えた造りを「鶴亀蓬萊様式」と呼ぶが、天龍寺庭園がその始めであるとすれば、ことさら興味深い。

三つの出島《でじま》

天龍寺庭園は、池の地割もよく残されている。滝石組のある山側の護岸は、当初のものであろうが、手前のほうはどうであろうか。ここには、二つの出島が左に向かって延びている。

向かって左側、南側の出島は、護岸の石組も比較的小ぶりで、先にいちばん大きな石が立てられている。

一方、右側の出島の護岸には、しっかりとした石組がつけられており、先から少し離れた池中に岩島をおく。

双方に意匠の変化を持たせていることからも、この二つの出島による景色の変化を期待しているのがわかるだろう。ちょうど『毛越寺庭園』の二つの出島を思い起こしていただきたい。

鑑賞者は、池の左手から入り、右手へと抜けていく順路をとる。ほとんどの人が、南側の出島を手前に見て進むことになり、それを過ぎると、北側の出島だけを見る。そして、いったん池を通りすぎると、ふたたび振り返ったときにも、出島の様子まで気にする人は少ないであろう。向こうに顔をのぞかせる嵐山や左手の建物が視界に飛び込んでくるし、

北側にある出島。護岸は、しっかりと石が組まれ、先には岩島を浮かべる。ただし、石組の印象はいくぶん穏《おだ》やかだ

手前にあるのが、南側の出島。奥の出島とくらべると、規模が小さく、造形上のちがいもよくわかるだろう。全体的に石の存在は抑えられて、水際の美しさがいっそう強調されている。このように異なる二つの出島を並べて見ることができ、庭園鑑賞の楽しさは広がっていく

池の北側から眺めたところ。ここからの二つの出島は、大小をのぞいて、それほど造形上のちがいを感じさせず、たいへんバランスがよい。正面からの景色もすばらしいが、この北側からの出島の景色は際だっているのではないだろうか。池の向こうに、近景として亀山の濃い緑、遠景として嵐山の淡い緑が映え、奥行きが表現されている

池の南側に造られた出島は、すぐれた石組造形を持っているが、育ちすぎた松によって隠されてしまっているのが惜しい

池の周囲を行く人たちの群れが気になってしまうからである。

しかし、ここで二つの出島の織りなす景色の変化にも注目していただきたいのである。好みのちがいはあるかもしれないが、私は、この北側からの二つの出島の景色が気に入っている。

出島は、もうひとつ、池の南端にある。南岸から北方にまっすぐ延びていく出島である。これは通常、近寄ることができない場所にあるが、調査をする機会を得たときに、改めてこの三つめの出島にある石組がすばらしいことに気づかされた。しかも、正面の二つの出島とは違って、洲浜が少し残されていることもわかった。

ところが現状は、松の木が大きく斜めに伸びきってしまい、出島全体を覆《おお》っている。池の手前からでは、よほど注意深く見ないかぎり、そこの石組がどうなっているかなど、判別できない。

松は、池泉庭園の景には欠かすことのできない植物である。なぜならそれは、縁起のよい常緑樹であり、日本の海岸に多く自生しているからだ。庭園の池は、もとより海を表現したものであるから、その風光明媚《ふうこうめいび》の景を支える松は、古くより好んで植えられた。奈良時代の発掘庭園からも、松の葉や種子が出土している。

この出島の松も、当初は小さく、格好の点景を構成していたにちがいない。護岸の松は、大きく育ちすぎると、小さなものに植えかえられるのが理想だろう。『桂離宮《かつらりきゅう》庭園』（第十一章）にある「住吉《すみよし》の松」がそうである。近年、天龍寺庭園においても、池周辺の植栽《しょくさい》が整備されたが、どういうわけか、この松はそのまま残された。タイミングをのがすと、いまさら切り倒すわけにもいかなくなる。自然の芸術である日本庭園を管理することの難しさを痛感させられる。

第五章　鹿苑寺《ろくおんじ》庭園

——金閣が臨《のぞ》む、すぐれた池泉庭園

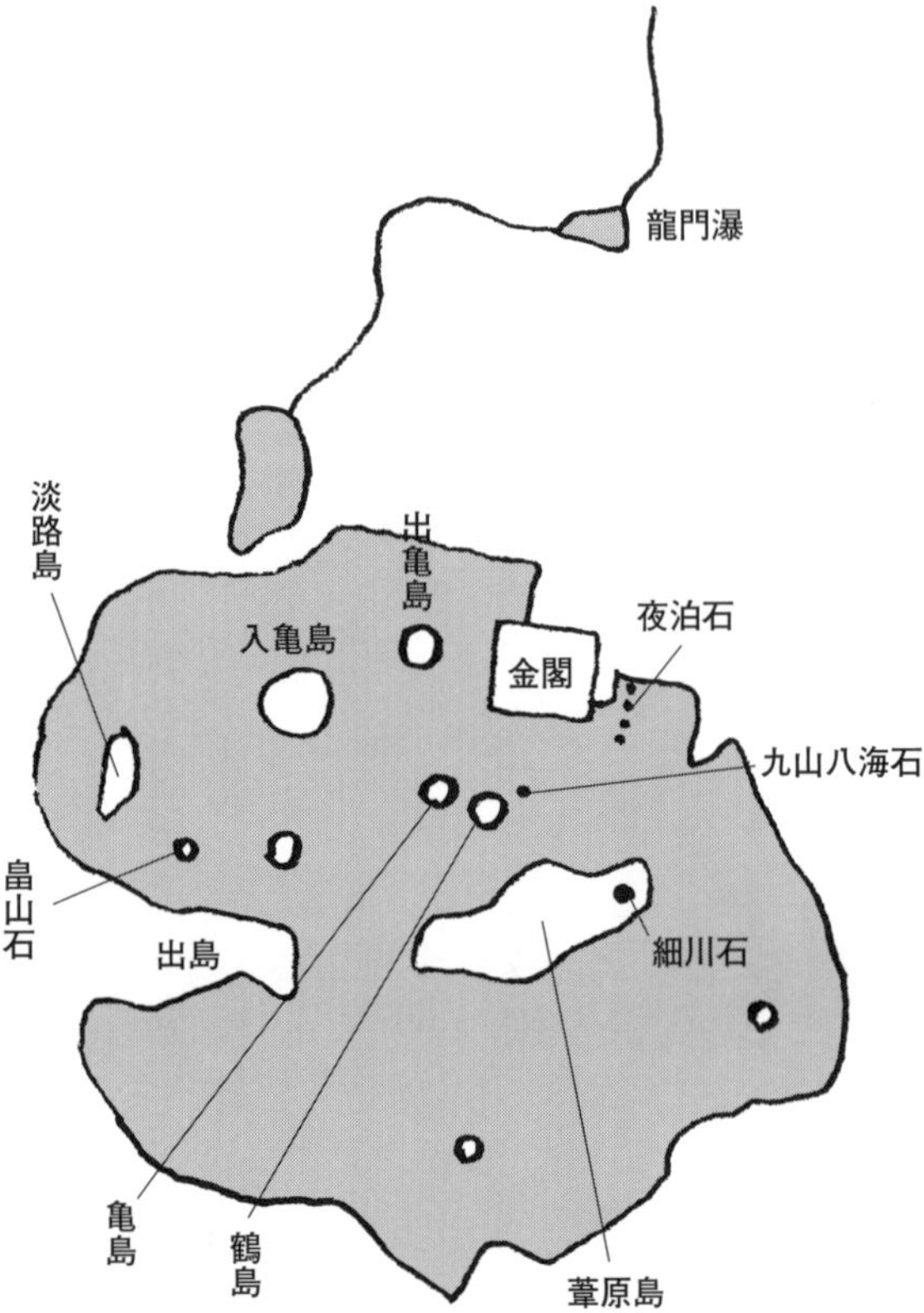
龍門瀑
淡路島
出亀島
入亀島
金閣
夜泊石
九山八海石
畠山石
出島
細川石
亀島
鶴島
葦原島

金閣と池泉庭園

鹿苑寺《ろくおんじ》は、一般に金閣寺の名で通っている。足利義満の建てた三層の楼閣建築「金閣」があまりにも著名であるからだ。義満の存命中は「北山殿《きたやまどの》」と呼ばれていた。死後、寺となるが、このとき彼の法名《ほうみょう》である鹿苑院殿からとって鹿苑寺とした。

義満は、日本国王として君臨し、明など外国からの使節も多く受けいれた。そのため、饗応《きょうおう》の施設として、絢爛《けんらん》たる金閣と池泉庭園が設けられたのであろう。池は、世界の縮景であり、それを眼下にする金閣は権力の象徴だった。使節たちが驚嘆したことは想像にかたくない。

現在の鑑賞者は、受付から長く整然とした直線の順路を進んで、まず池越しに金閣と対面する場所へと導かれる。京都を代表する景色を目の当たりにして、あちらこちらで歓声が上がり、記念撮影が止まらない。終わった人から、池の東側に沿って金閣の近くまで向かうが、その裏手あたりで、池からは遠ざかっていく。

この間、いったい何人が池の造形に目をとめているであろうか。金閣が臨む池は、代表的な日本庭園のひとつと聞いたところで、ピンとくる人は少ないにちがいない。

鹿苑寺がある衣笠山《きぬがさやま》のふもとは、古くより風光明媚《ふうこうめいび》の地として知られていた。衣笠山をはさんだ反対側には、『龍安寺庭園《りようあんじ》』（第七章）がある。義満が所有するまで、この場所には西園寺公経《さいおんじきんつね》の別邸があり、それは『明月記《めいげつき》』や『増鏡《ますかがみ》』などに記録されるほどだった。池もそのときから同じところにあったものである。西園寺家別邸を譲り受けた義満は、それに手を加え、金閣を建てた。

日本の中心を表わす葦原島《あしはらじま》

「鏡湖池《きようこち》」と呼ばれるこの池の中には、大小一〇の中島と一五を超える岩島がある。義満の時代に、どのていど手が加えられたかはわからない。その後、応仁の乱で荒れてしまい、江戸時代初期に大修理が行なわれたが、島の構成やその造形にさほど変化は加えられなかったであろう。池の中は、池の外周より破壊されにくいものだ。おそらくは、義満時代かそれ以前の状況を保っていると思われる。

池の中央に位置する、横長の中島が、「葦原島《あしはらじま》」である。橋は架かっておらず、上陸するためには、舟を寄せるしかない。葦原島は広く、およそ私たちが考える理想の島の姿に造られている。島の上には、松の木が何本か植えられ、海洋風景を醸《かも》し出している。西側には、斜めに立てられた「細川石《ほそかわいし》」の風情が印象深い。

池に臨む金閣

優雅な葦原島。島の上には松が茂り、味わいのある石や燈籠がおかれている。写真のほぼ中央、斜めに立てられているのが、細川石。この島の護岸は、しっかりとした石組で囲まれている

この中島の護岸には、三組の三尊石組がある。なかでも、正面中央にあるものは、とくに目立っており、まさに庭の主といった感じだ。『西芳寺庭園』(第三章)のそれを思い起こしていただきたい。西芳寺の三尊は、あくまでも庭園技法上の三尊であり、自然に存在するものの範疇を保っていた。ところが、鹿苑寺の三尊は、明らかに人工物であり、特別な存在としての威厳を誇っているかのようである。いわば、栄華を極めた武家権力者の三尊である。両庭の三尊石組は、存在する場所こそ似通《にかよ》っているが、その表現方法は大きく異なっている。

鹿苑寺の三尊石組には、もうひとつ、相違点がある。一個の中尊と二個の脇侍の構成までは、西芳寺のものと同じだが、中尊石の手前にもう一個、低い石が据えられている点である。この「四個目の石」の名称はとくにないが、その後の日本庭園にも、よく見られる技法となった。三尊を神仏として見れば、それは礼拝石《らいはいせき》といえるし、三尊を滝として見れば、水分石となるであろう。およそこの二つの意味で考えるのが妥当なところではないかと思う。

葦原島は、何といっても、金閣から見る景色がすばらしい。ここから見ると、正面中央の三尊石組も、いっそう堂々とした姿となる。以前に一度だけ、金閣の第一層と第二層に上がる機会を持ったが、葦原島を中心に、点々と島が浮かぶ景は、まったくちがった表情を見せていた。第一層からは重なり合っていた島々が、第二層から見下ろすと、美しい島の全形を明らかにする。この池泉庭園は、金閣の位置からいちばん美しく見えるように設計されているのだから、それも当然のことであろう。

金閣から眺めると、この池泉庭園が、島を鑑賞する庭であることを改めて認識できる。真正面に葦原島が横たわり、右手前方には、小さな島が二つ見える。「鶴島《つるじま》」と「亀島《かめじま》」である。両島とも、護岸にしっかりとした石組が据えられている。葦原島が蓬萊《ほうらい》を表わしているので、鶴島・亀島と合わせると、鶴亀蓬萊の様式を備えていることになる。

中島は、ほかに七つあり、このうち名前がついているものは、「入亀島《いりかめじま》」「出亀島《でがめじま》」「淡《あわ》路島《じしま》」の三島である。島の配置は、絶妙で、多島でありながら、散漫《さんまん》な印象を与えない。葦原島と、西岸から大きく延びた出島とが、ほぼ一直線となり、また、入亀島、出亀島、淡路島を、それに対する斜線上に配置する。自然の景に似せながら、実は計算されつくした作為が隠されている。この地割の計算により、私たちは神秘的なものを目の当たりにしたかのような感動を得るのだが、これこそが、人工と自然の融合といえるものだ。

また義満は、この池の中に、さまざまな意図を表わした。池の中央に据えられた中島

金閣の手前から眺めた葦原島。その中央には、堂々とした三尊石組が据えられている。これを金閣の上から見ると、左右がほぼ対称の完全な三尊となる。ここが、鹿苑寺庭園の中心なのは、いうまでもない

は、蓬莱である。これを葦原島と呼んだことには、特別な意味が込められていると思う。葦原は、豊葦原瑞穂国《とよあしはらのみずほのくに》、すなわち、日本（本州）である。なぜ、淡路島と名づけられた島があるのかも、これで理解できるだろう。池の中の島々は、世界であり、日本である。日本であると同時に、そこは、大陸から見て、東方のかなたに浮かぶ蓬莱である。義満は、永遠性を象徴する蓬莱をあえて葦原島と名づけることで、日本の未来永劫《えいごう》にわたっての繁栄を願い、また、金閣と池泉庭園の島々という装置を用いることで、その蓬莱の支配者たる自己を顕示した。それによって、明からの使者と対等に渡りあおうとしたのではないだろうか。

鹿苑寺庭園には、三とおりの楽しみ方がある。第一に、金閣の各層からの俯瞰《ふかん》。第二に、舟遊。第三に、廻遊である。このうち、現状において俯瞰と舟遊は難しい。

唯一許されているのが、廻遊であるが、それも池の西側には立ち入ることができない。おもに中島や岩島が点在しているのは、順路の反対となる池の西側である。そちら側の廻遊路からは、島々が離れ、また重なって、景色の変化をいっそう堪能《たんのう》できる。

金閣にくらべて池泉に対する認識が一段と低いのも、現状では、ここの庭園がもっとも映《は》える地点から鑑賞することができないからかもしれない。多くの訪問者にとって、この

金閣の向こう側の池中には、美しい島々が多く浮かんでいる。中島の上に二本の松が確認できるが、これは、それぞれ一本ずつの松を乗せた二つの島が重なって見えているのである。手前が鶴島、奥が亀島

池の北西部分は、中島と岩島、出島、対岸の石組が重なり合い、格別の景色を見せてくれる。正面に見える三角形の石は、畠山石と名づけられた岩島。その岩肌は白く輝き、池の水面に美しい姿を映し出す

すぐれた庭園が、金閣の引き立て役に終わってしまっている。そういった意味で、西側の廻遊部分が公開されていないのは、たいへん残念なことである。

九山八海石《くせんはつかいせき》と夜泊石

池の中には、中島のほかに、岩島がいくつも浮かぶが、そのうちの二島には、「畠山《はたけやま》石《いし》」「赤松石《あかまついし》」と、当時の管領《かんれい》など要職についた家の名がついている。葦原島に据えられた細川石も同様である。名前は後世になってつけられたのであろうが、これらの石は、作庭当時から存在していたのではないかと思われる。このうち畠山石は、東側から望むと、みごとな三角形に見え、よく目立つ。ちょうど鶴の羽石《はねいし》のようにも見える。

そして、数ある岩島の中でも、もっとも特筆すべきものが、鶴島の手前にある「九山八《くせんはっ》海石《かいせき》」だろう。一般の順路からは、金閣の向こう側にあって確認しづらいのであるが、ぜひ双眼鏡などを持参して見つけていただきたい。九山八海石は、葦原島正面中央の三尊石組と並んで、この池泉庭園の主石である。

九山八海とは、八重の海と九重の山で構成された全宇宙である。その中央が須弥山であり、私たちの世界は、取り囲む山の一角にある。この壮大な宇宙観を一石で表わしたのが、九山八海石である。

九山八海石は、よく見ると、複雑な形をしており、幾本もの皺《しわ》を持つ奇岩である。しかし、池の上に顔をのぞかせているのは、大きな石の一部である。水を抜いたときの写真を見ると、池の下に隠れた部分には、大きな穴が開いており、それが中国で名石として珍重された「太湖石《たいこせき》」であるのがわかる。戦前に、植木職人が松の手入れのために出した舟をぶつけてしまい、折ってしまったため、地中部分に石を据えて支えられている。

太湖石は、石灰岩の一種で、中国の庭園では好んで用いられたが、あまりにも奇怪な形のために日本での庭石としての需要はなかった。義満は水石・奇石のコレクターでもあったことが知られている。彼はこの石を明との貿易で手に入れ、その強い意向によって、九山八海石として、この位置に据えたものと考えられる。

ところが、中国人が太湖石の最大の魅力とするところは、大きく開いた穴とひしゃげた形である。この肝心の特徴は、水面下に隠れてしまっている。しかも、周囲の景色にみごと溶け込んでしまい、とても特殊な石のようには見えなくなっている。明からの使者が、説明なしで、これを太湖石と認識できたかは疑わしい。

もし、この庭園の主が中国人であれば、せっかく手に入れた太湖石を、全体がわかるよ

鹿苑寺庭園随一の奇岩、九山八海石

手前に二個並んでいるのが、夜泊石の一部。奥に、鶴島、亀島、九山八海石などが見えている

うにして葦原島の中央の位置に据えたはずだが、そこは、義満も日本人らしい感性の持ち主だったということである。

ここの池には、もうひとつ、興味深い石がある。金閣の、東側に少し離れて、一直線に並ぶ四個の「夜泊石」である。

『西芳寺庭園』のそれと同じように、ここ夜泊石も何のためにおかれたのか、よくわかっていない。西芳寺の夜泊石を写したものとすれば、なぜ二列ではなく、一列なのか。金閣と平行に並んでいるので、橋が架けられた跡でもないだろう。一説には、舟をとめる縄をかけたものというが、それにしては高さがない。船をつける位置を示したものという説もあるが、わざわざそのために石を並べる必要もないだろう。あるいは、たとえば舟の雨よけのような、付属の建物が張り出していたのだろうか。こればかりは、推測もおよばないのである。

日本庭園の基準となる滝石組

鹿苑寺庭園といえば、金閣が臨む池が中心であるが、その裏手にある滝石組も忘れてはならない。金閣から離れて順路を進むと、大きな落水の音とともに現われるのが、「龍門《りゅうもん》瀑《ばく》」である。

『天龍寺庭園』（第四章）などの滝石組と同じ名称であるが、見た目の印象は大きく異なっている。これは、どういうわけだろう。江戸時代初期に三〇人がかりで修理をほどこしたとあるから、これも義満時代に造られたものである。

鹿苑寺の龍門瀑は、これぞ滝といった印象である。もとはおそらく青石であったが、いまでは黒光りしている。高く立てられた水落石《みずおちいし》から、豊富な水が勢いよく落ち、真下の石に当たって飛沫《しぶき》を上げている。この石こそが「鯉魚石《りぎよせき》」である。やや斜めに立て、鯉が飛び上がる瞬間の形に見立てているのは、天龍寺のそれと同様だ。

ただ、豪快なだけでなく、水落石、滝添石《たきそえいし》と、すばらしい構成であるのが、見てとれるだろう。

水量を確保するためには、相当の水源が必要である。横の道を順路に沿って上っていくと、「安民沢《あんみんたく》」という、これまた大きな池がある。この池も、西園寺家の別邸時代にすでにあったとされ、つまり鎌倉時代に造られた池である。背後の山からは、いまも水が湧き出ている。現存する龍門瀑じたいは、義満時代に造られたものと考えられるが、この場所にはすでに滝が存在していたのではないだろうか。

鹿苑寺庭園の龍門瀑。同じ名称を持つ天龍寺庭園などのものとは、少々異なる造形だが、一般に日本庭園の滝といえば、この姿を頭に浮かべる人も多いことだろう。外観もさることながら、音を立て、勢いよく落ちる水が、この滝石組の身上といえる

また、西園寺家の別邸時代には、高さ四五尺（約一三・六メートル）におよぶ巨大な滝があったことが記録されている。この滝はすでに存在しないが、龍門瀑の前身となる滝とは別に、もっと大きな落差を持った滝があったというのだから、この池泉庭園がいかに壮大であったかわかる。

では、四五尺もの滝石組はどこにあったのかといえば、それは、いまの不動堂《ふどうどう》の横あたりにあったものと思われる。滝と不動明王は関係が深いし、四五尺の落差を確保できる場所は、山内にここしかない。実見したところ、かつての滝と思われる跡もあった。

第六章

大徳寺《だいとくじ》大仙院《だいせんいん》庭園

――山水画の世界を立体的に表現

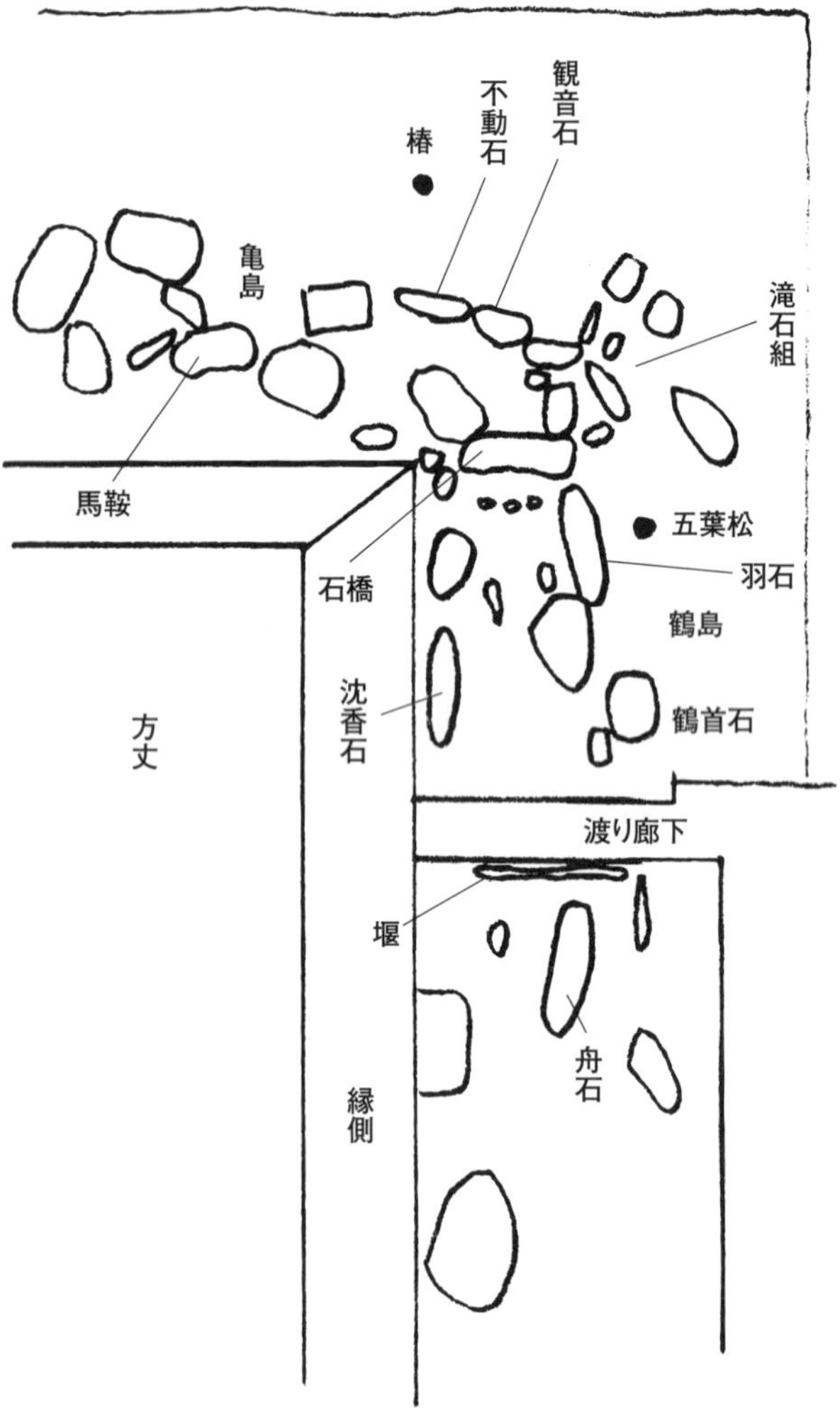

観音石
不動石
椿
亀島
滝石組
馬鞍
五葉松
石橋
羽石
鶴島
沈香石
鶴首石
方丈
渡り廊下
堰
舟石
縁側

方丈《ほうじょう》建築と庭園

大徳寺《だいとくじ》は、洛北の禅刹《ぜんさつ》で、茶の湯の聖地として名が通っている。同じ洛北の妙心寺《みようしんじ》、東山《ひがしやま》にある南禅寺《なんぜんじ》や東福寺《とうふくじ》など、ほかの禅刹と同じく、山内には、本坊《ほんぼう》以外にも多くの寺院がある。この山内寺院のことを塔頭《たっちゅう》という。『大徳寺大仙院庭園《だいせんいん》』も、そのような塔頭のひとつにある庭園である。

ここの庭園は、『龍安寺《りようあんじ》庭園』（第七章）と並んで、枯山水の代表的な作例である。枯山水の美に深く接したいのであれば、まずはこの両庭を拝見しなくてはならない。いずれも、池泉庭園に併設される前期式ではなく、独立した枯山水である。ただ、枯山水といえば、ほとんどの人がこの独立した枯山水のほうを頭に浮かべるから、あえてこれを後期式として分類する必要もないだろう。独立した枯山水は、大陸にも存在してはいるが、日本のものほど本格的ではない。その発達は日本独自のものである。

大徳寺には、本坊はじめ、多くの塔頭が存在するが、いずれも中心的な位置づけとしての建造物である「方丈《ほうじょう》」を持ち、その方丈のまわりの敷地に庭園をこしらえている。庭園は、池泉もあるが、圧倒的に枯山水が多い。

禅宗における方丈は、一般寺院の本堂の役割も兼ねている。もとは住職の住居だったが、のちに、六つの部屋を持つ大きなものへと発展した。南向きで、横に三部屋、縦に二部屋が並び、合わせて六部屋となる。

このような形態は、室町時代後期ごろには完成していたらしい。部屋にはそれぞれ役割があって、中央奥が仏間で、その手前の部屋が室中《しっちゅう》である。この二つの部屋が建物の中心をなし、仏事はここで催《もよお》される。室中の両側の部屋は、檀那《だんな》や訪問客を接待するための部屋である。方丈の南半分は、公的なスペースということになる。一方、仏間の両側の部屋は、寺の私的なスペースとして用いられ、そのひとつに住職が居住した。大仙院方丈の場合、向かって右奥（東北）にある部屋が、それに当たる。

大徳寺山内の室町時代の方丈建築は、大仙院、龍源院《りょうげんいん》、瑞峯院《ずいほういん》と三カ寺にあるが、永《えい》正《しょう》十（一五一三）年に建てられた大仙院方丈がもっとも古く、国宝に指定されている。

方丈の南側にある敷地は、白砂だけの空間が、本来の姿である。大仙院の南庭は、いまも白砂が一面に敷かれ、砂山が二つ盛られているだけである。この場所は、もとは無の空間であり、晋山式《しんざんしき》（住職の就任式）など、重要な儀式を行なうためのものだった。しかし、そういった大がかりな儀式を堂内で行なえるようになると、実用的な意味は失われる。やがて、この場所にも石や草木などをおき、庭園が築かれるようになったのであるが、大仙

方丈の正面に当たる南庭は、無の空間だった。枯山水では、それが大海の表現となる

院方丈の一面白砂の南庭は、より古い形式を残したものといえよう。

大仙院庭園は、方丈の東側にある狭い敷地に造られている。とくに東北隅がクライマックスとなっているから、これは、住職のために設けられた庭園だ。住職が私的な時間を楽しみ、また、ごく親しい人をもてなすために造られた。

水墨画と枯山水

庭園に面した住職の部屋は、書院《しょいん》の形式になっている。書院は、読書や書き物をするための机であるが、のちに床《とこ》の間《ま》、違棚《ちがいだな》、天袋《てんぶくろ》などの設《しつら》えをさすようになった。現代人の感覚では、床の間はむしろ部屋の奥にあるのが自然なように感じられるが、古くは縁側へ張り出すような形に造られていた。もとは読書や書き物をする用途だったため、外の明かりをとらなくてはならなかったからである。したがって、大仙院方丈の書院、床の間も東北隅の縁側に設けられている。

床の間には、高僧の墨蹟《ぼくせき》や水墨画などが飾られた。このうち水墨画の題材として好まれたものには、おもに二とおりがある。ひとつは、禅機《ぜんき》図である。美術館や博物館で、寒山《かんざん》拾得《じっとく》や竹林七賢《ちくりんしちけん》を描いた図、十牛《じゅうぎゅう》図といった水墨画をご覧になった方もいることだろう。これは、禅とは何かを画で表現したものである。

そして、もうひとつが山水図である。これは、山中の幽邃境《ゆうすいきょう》を描いたもので、多くは、背後に急峻《きゅうしゅん》な山があり、そこへと至る道が表わされる。さらに、滝とそこから流れてくる川があり、下流には舟に乗る人物が見える。道を歩んでいく仙人らしき人物も描き込まれ、川には橋が架かる。山の中腹、危なっかしいところに、彼らが泊まる小さな家や洞窟などが造られる。だいたい以上のような要素が描かれていた。

おそらく多くの方丈では、こういった画を床の間にかけ、その画題をもとに話を咲かせていたのだろう。ところが、大仙院方丈では、わざわざ画をかける必要がない。なぜなら、縁側に面した戸を開けば、立体の山水がすぐそこにあるからだ。

枯山水は、「水のない山水」である。大仙院庭園は、まさしく立体の水墨山水画というべきであろう。

この庭園の主石は、東北隅に二個並んで立てられた、二メートルほどの石である。それらが、仙人の遊ぶ山々を表わしていることはいうまでもない。二個の立石は、方丈東側の縁側に入ると、すぐさま視界に飛び込んでくる。

立石の右手には、小ぶりながら三段の「滝石組」があり、そこから落ちた水は、平たい

方丈の東北隅を中心に展開する庭園。横並びの二個の立石が印象深い。手前に石橋、右側の三角形の石が鶴島の羽石である。縁側からすぐ手が届きそうなところに、緊迫感のある石組が築かれる

砂紋が水の流れを表わしている。滝石組から来た水が、石橋の下をくぐって、右方へと流れていく。石橋の少し先にある三個の石は、水の飛沫だろう。それにしても、石橋付近におかれた石は、単独で見どころのあるものばかりだ

「水落石《みずおちいし》」に当たり、流れとなる。急流は、「石橋」の下をくぐり、飛沫《しぶき》を立てている。川の中には、美しい石が三、四浮かんで、向こう岸に望む遠山の景も美しい。南へと流れていく水は、白砂の上を平行に引かれた「砂紋《さもん》」で表現される。

渡り廊下のすぐ下に長い「堰《せき》」が造られている。この堰を過ぎたころには、川はいよいよ大河になって、流れの中を一個の「舟石《ふないし》」が進む。鑑賞者は、この舟石に幽邃境へのみずからの思いを託す。

舟石は、現代の作庭でもよく用いられる景物である。同じ舟を表わす夜泊石とはちがって、ひと目でそれとわかる形をしている。日本庭園の中にあって、これほど親しみやすい存在はない。水墨画の中には人の姿を描くことができるが、まさか庭園の中に人形の石をおくわけにはいかない。というわけで、舟石は、明らかに人間の存在をそこに感じさせてくれる唯一の造形である。同時にそれは、自然の中にある世俗の象徴でもあるのだ。

ところが、大仙院庭園の舟石は、人の乗り物であることを忘れてしまいそうなくらいに美しく、自然の景にすっかり溶け込んでいる。おそらく現存最古の舟石であるが、なかなかこれを超えるものを見立てることができないのである。

ほかの舟石の例として、『東光寺庭園』、『蓮華寺《れんげじ》庭園』（京都市左京区）、『金剛輪寺《こんごうりんじ》明壽《みょうじゅ》

渡り廊下に取りつけられた壁の花頭窓《かとうまど》から、二個の立石が覗《のぞ》く。廊下のすぐ下には青石の堰、そのさらに手前に舟石が見える

大仙院庭園の舟石は、いまにも動き出しそうでいながら、不変の石の美しさを誇っている

東光寺庭園の舟石。側面に矢跡があり、ユニークな景色を生み出している。中央が刳《く》られていて、手水鉢のようにも見える

蓮華寺庭園の舟石。これも庭園ファンにはよく知られたもので、沓《くつ》のような形が、庭園の閑雅な風情に溶け込んでいる

院《いん》庭園』（滋賀県愛荘町《あいしょうちょう》）などのものがあげられる。

流れは最後に南庭へと注がれる。一面の白砂は大海を表わしている。

このように、順を追って見ていくと、大仙院の枯山水が、きわめて絵画的な表現を持っているのがわかる。すなわち、理想の山水の景を墨ではなく、石と砂で表わしたものが枯山水である。

松と椿《つばき》

では、大仙院庭園は、ただ自然の景を表現したものにすぎないかといえば、それだけではないのである。前時代から受けつがれた「鶴亀蓬萊様式」の表現も備えている。具象化された表現と抽象化された表現とが同居している点がおもしろい。

石橋のすぐ右手、三角形を正面にして立てられた石があるが、こういった形状の用いられ方は、たいていが鶴の羽《はね》として表現されたものとみなしてよい。すなわち「羽石《はねいし》」である。すると、ひときわ枝ぶりの良い「五葉松《ごようまつ》」を植えられた一帯は、「鶴島」（鶴石組）だということになる。羽石の右、渡り廊下の近くに立てられている石は「鶴首石《かくしゅせき》」であろう。一方の「亀島」（亀石組）は、二個の立石や滝石組をはさんで反対側にある。亀島の上

大仙院庭園の鶴島。三角形の羽石、その右に天の平たい石、小さな刈込の植栽の後方に鶴首石と、石の数は少ないが、みごとな構成力によって、強い存在感を生み出す。さらに、形のよい五葉松が全体を引きしめ、完全な構成となる

にも、一本の松が植えられている。鶴亀の島に松の木を植えるのは、一般的な手法である。

では、「蓬萊」はどの部分に当たるのかといえば、滝石組の裏手に植えられた数本の「椿《つばき》」による刈込《かりこみ》である。この部分の敷地はたいへん狭く、多くの木を植えられないため、土を高く盛り上げて、その刈込が大きく見えるような工夫がなされていた。

そして、鶴亀の松に対して、蓬萊には椿というように、二種類の植物を使いわけて表現したわけだが、この着想には感心させられる。

つややかな緑の葉と、季節には色とりどりの花をつける椿の森が、仙境のイメージをみごとに演出していた。この樹木の寿命は長いが、それでもせいぜい五〇〇年といわれている。ここの椿が、方丈の建てられた永正十年に植えられたものとするなら、いままさにその寿命がつきようとする時期である。近年、隣の建物の屋根を修理するために足場を組んだところ、残念なことにその一部が枯れてしまった。根を長く伸ばせない狭小の地に植えられていることもあったかもしれない。

庭園の石は不変の美を表わすものである。石の持つ永続性が、庭園に無限の生命を吹き込んでくれる。その力を凝集した造形が、枯山水であるが、それでも植物の寿命だけは限度がある。景観の主役をなしていた樹木の死は、大きなダメージを与えることになってしまう。通常の庭園であれば、途中で若い木におきかえることもできるだろうが、禅宗寺院にある庭園では、そのような殺生は認められない。

なるべく大きな植物を用いず、苔などの地衣類や一年ごとに生え変わる草木で表現するか、また、大仙院の松や椿のように、比較的長く形を保つことのできる、つまり、盆栽で用いられるような植物を選ぶかしかないであろう。それでも、寿命は訪れるのである。

名石《めいせき》しかない空間

大仙院庭園の長年の管理のすばらしさは、特筆すべきものである。江戸時代後期の起こし図が現存しているが、それと比較しても、一石一木までほとんど変わりない。木々はよく刈り込まれ、低く抑えられている。群を抜いた保全の力というべきか。歴代の住職がこの庭園に注いできた愛情と敬意のほどがうかがえる。

そして、このわずか三〇数坪の庭園は、名庭の中でも、随一の濃密さを誇っている。おもな石は三〇個ほどで、そのほとんどに名前がついている。文字どおりの「名石《めいせき》」だ。

まず、中央にそびえる二個の立石は、高いほうが「不動石」、低いほうが「観音石」である。とくに不動石の存在感はきわだっている。

北側のいちばん端には、「仏盤石《ぶつばんせき》」と「独醒石《どくしょうせき》」がある。この一角には、露地庭園の蹲《つく》踞《ばい》の原形ともいうべき造作が見られる。亀島には、白い石灰質が美しい、馬の鞍《くら》のような形状をした石がある。「馬鞍石《ばあんせき》」である。

鶴島の前、縁側に沿っておかれた天端《てんば》のまっ平らな石が、また印象深いものである。深みのある赤褐色《せきかつしょく》を呈し、まるで化石のような質感を持つこの石は、「沈香石《じんこうせき》」という。沈香は、香木《こうぼく》の一種である。沓脱《くつぬぎ》石のように見えるが、沓脱の用途がないのは明らかだ。縁側と同じ高さにおかれているし、この狭い庭に下りて、散策することもないからである。

おそらくは、沓脱石として持ち込まれたが、あまりにも立派なので、あえてそれを否定する用い方を選んだのではないかと思う。遊び心の表われというべきか。

このほか、「払子石《ほっすせき》」「法螺貝石《ほらがいせき》」「明鏡石《めいきょうせき》」「仙帽石《せんぼうせき》」「虎頭石《ことうせき》」「達磨石《だるませき》」「龍頭石《りゅうずせき》」「扶老石《ふろうせき》」「白雲石《はくうんせき》」「霊亀石《れいきせき》」「叡山石《えいざんせき》」「真珠石《しんじゅせき》」「臥牛石《がぎゅうせき》」などがある。

名前のない石も、もちろん名石である。たとえば、鶴の羽石の後方にある遠山を表わした石はすばらしいが、名無しだ。つまり、どの石を取り上げても、ほかの庭園に持っていけば、そのまま主石として通用しそうなものばかりなのである。そして、取り上げられた

大仙院庭園の亀島。馬鞍石を中心に、用いられる石は色とりどり、形もさまざまで、とくに華やかさを感じさせる部分だろう。低く据えられた石で構成され、鑑賞者の俯瞰《ふかん》の視点が意識されている

縁側と同じ高さにおかれた沈香石。石から品格がにじみ出ているかのようだ

石のほとんどが青石である。このころになると、青石がとくに高い評価を受けていたことがわかる。これらが巧みに組み合わされ、窮屈《きゅうくつ》さをまったく感じさせないのは、ひとえに卓抜《たくばつ》した構成力と高い石組の技術によるところが大きい。

それにしても、これだけの名石をどうやって集めたか。先人の作庭に対する熱意に、改めて敬意を表する。

第七章　龍安寺《りょうあんじ》庭園

——名声にかかわらず、謎ばかり

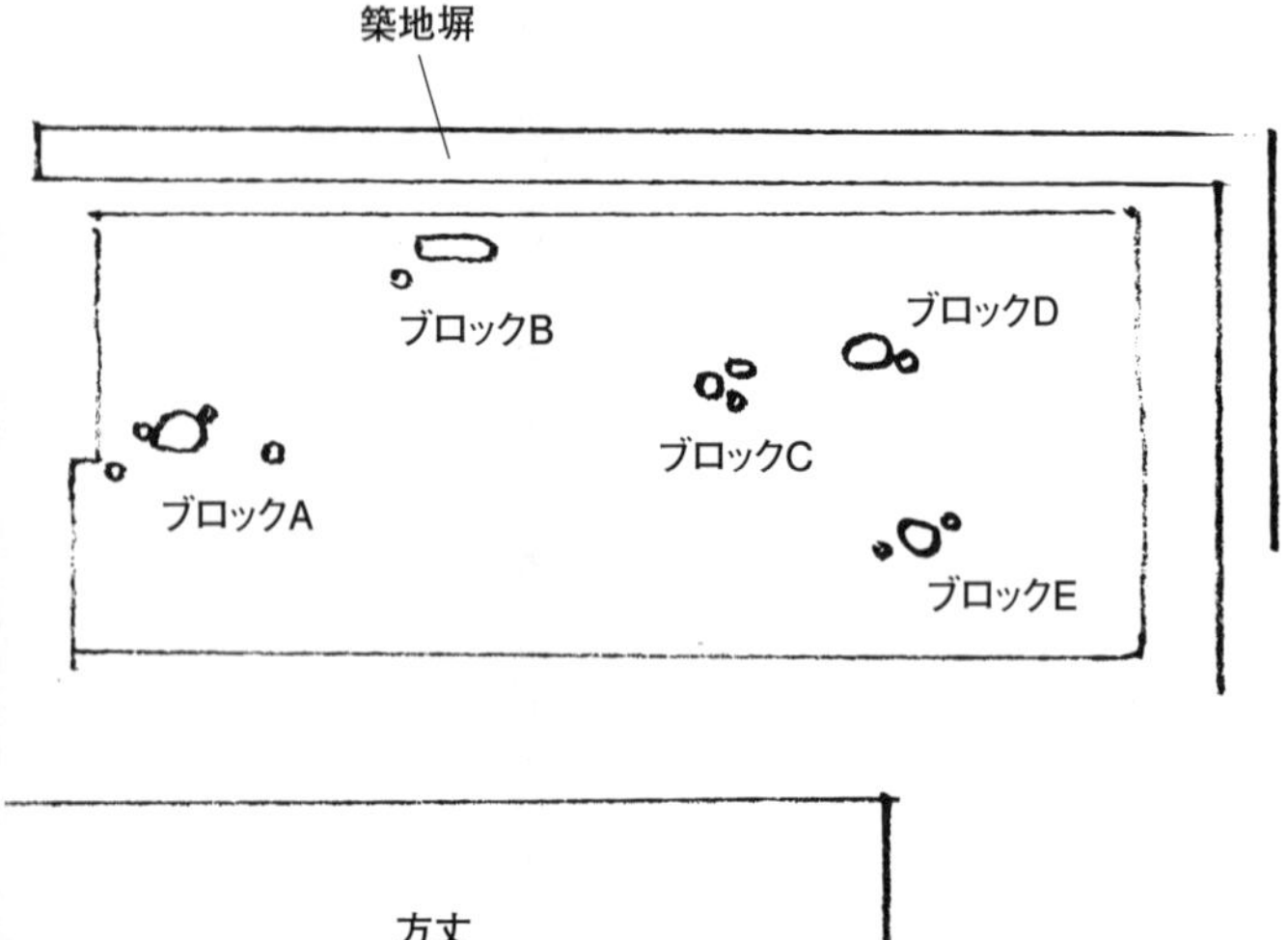
築地塀
ブロックB
ブロックD
ブロックC
ブロックA
ブロックE
方丈

一五個の石が絶妙の配置

龍安寺《りょうあんじ》は、鹿苑寺から西へ行ったところに位置する。近隣に、御室《おむろ》桜で知られる仁和《にんな》寺《じ》や妙心寺がある。およそ石庭と聞けば、大部分の人が、この『龍安寺庭園』を思い浮かべるにちがいない。その名声は、遠く海外にまで響いている。京都観光で真っ先に訪れたい場所として、金閣や清水寺《きよみずでら》、祇園《ぎおん》などと並んで、ここの庭園があげられるほどである。しかし、日本史にもたびたび登場する名刹や各宗派の大本山が集まる京都において、龍安寺の由緒はとくにきらびやかなものでもない。

なぜ、名声を得たのかといえば、庭園があまりにもすばらしいからである。かといって、これほどシンプルな構成も、ほかにないであろう。乱暴ないい方だが、白砂の上に一五個の石が並んでいるだけで、草木の一本もない。

そして、この一五個の石は、五つのブロックに分かれて配置され、さまざまな表情を見せる。そのため、ある人は、海に浮かぶ五つの島の表現（これは至極まっとうな解釈ではある）といい、またある人は、虎《とら》の子渡《こわた》しの様子を表わしたものだという。

虎の子渡しは、古い中国の説話である。虎というのは、三匹の子を生むと、その一匹が獰猛《どうもう》とされ、母虎の目が届かないところで、獰猛な一匹とほかの二匹の子虎とをいっしょ

白砂と一五個の石、方丈の縁側と柱、軒、向こうの築地塀が造り出す直線の枠組み、塀の外に見える枝垂《しだれ》桜や門の妻《つま》……。すべての要素がともなって、総合的な美しさを演出するのが、龍安寺庭園である

にしておくと食べられてしまうという。母虎が子虎たちを連れて川を渡るときは、まず獰猛な一匹を運び、対岸においてくる。母虎だけが戻ってきて、子虎の一匹を運ぶと、代わりに獰猛な子虎を連れ帰ってくる。今度は獰猛な子虎をおき、残りの一匹を対岸に運ぶ。最後に獰猛な子虎を運んで、三匹の子虎を渡し終えるというものだ。話じたいはおもしろいが、登場する虎は親を含めて四匹なのに、なぜ、一五個の石、五つのブロックが、これに当てはまるというのかは、よくわからない。

また、石の配置は黄金分割にのっとったものだといって、石と石とを線で結びつけながら、もっともらしい解説をつけたものもある。どの方向から見ても、一五個の石が同時に見えることはないという言い伝えも、これと同様のものであろう。いずれの説も空想の域を出ないが、ただひとついえるのは、この庭園が、多くの人の想像をたくましくしてきただけの意匠性を有しているということだろう。

龍安寺庭園は、方丈の南側にある。『大仙院庭園』の南庭に相当する、平坦な敷地である。ここに一面白砂が敷かれ、五つのブロックに分けられた一五個の石がある。

鑑賞者は、南東の門から入り、庭園を左手に見ながら導かれる。最初に目に入るのが、五つの石からなるブロックである。ここでは、もっとも手前（東側）に位置する、このブロックをAとして、残る四つのブロックを西に向かってB～Eとし、構成の妙を見ていきたい。

まずAのブロックであるが、これは五つのブロックの中でいちばん規模が大きい。中央に立てられた石は一五石のうち最大で、これを含む真ん中の三個の石がいわゆる三尊《さんぞん》石組だが、両脇の石は中央の石よりやや後方におかれている。これにより三個の石は一体のように見え、とくに門から入ってすぐの東面からの景色が美しい。

さらに、三個の石の左右には、少し離れて小さな平石《ひらいし》が一個ずつ据えられている。五個の石は、ほぼ左右対称に据えられ、あたかも五尊ともいうべき構成となっている。

五つの石は、それぞれ方向性を持って据えられている。中央の石は上へ向かって、その両脇の石は外側に斜め下へ向かって、平石は地中に向かってである。結局のところ、「石を立てる」ということは、その石が持つ力をどう表現するかという一点にある。ここでは、五つの石が持つ力の方向性のバランスが絶妙であるため、作為をまったく感じない。まるで自然の島のようにそこにある。そして、見る方向によってその姿は自在に変化するのだ。庭園の中心をなしているブロックであるといえよう。

Bのブロックは、背後の築地塀《ついじべい》（土塀《どべい》）の手前ギリギリのところに据えられる二個の石

Aのブロック。五個の石の構成

Bのブロック。高い横石と低い立石の構成

Cのブロック。個性的な三個の石を、立石、横石、伏石と、三様に構成

奥がDのブロック。タイプの異なる二個の石の構成。手前がEのブロック。立石一個と平石二個による三尊石組の構成

で、庭園全体で見れば、遠山《えんざん》のような役割を示している。右のものがやや高く、横長の石である。もう一石は、たいへん小さいものだが立石《たていし》である。高い横石と低い立石のバランスはおもしろく、こういった構成は、それまでの石組には見当たらない。

Cのブロックは、三個の石からなるが、従来の三尊石組の構成からはかけ離れている。左の立石がもっとも大きく、左上部が少し山型になっているが、ほぼ真四角の印象的な形をした青石である。残りの二個の石は、奥の石が横石で、手前の小さな伏石《ふせいし》は青石である。いずれの石も、単独で見どころのあるもので、しかも、立、横、伏という三とおりの据え方を、絶妙なバランスで組み合わせている。

この庭園を評して、「たしかに全体の配置構成はすぐれているが、一個一個の石は見るべきものがない。そのへんのありあわせの石を巧《たく》みに組み合わせたのだろう」という人がいる。しかし、Cのブロックにある各石を見るかぎり、その評は当たらないであろう。凡《ぼん》百《ぴゃく》の石をいくら巧みに組み合わせたところで、これほどの名庭にはなりえないはずだ。

Dのブロックは、二個の同じような高さの石からなるが、形状や石質はまったく異なり、その対比がおもしろい。左側の伏石は、頭が丸く、Aのブロックの中央石と同様、京都で産出するチャートの石である。一方、右の立石は、角張《かくば》っており、縦に向かって剝離《はくり》したような形跡が認められる。全体的に丸みを帯びた石が多いので、この石の存在が目立っている。またわずかに右に傾斜させて立てることで、バランスを生み出している。このあたりのセンスは、とくにすぐれたものである。

もっとも右の手前にあるEのブロックは、三尊石組である。中央の大きな石は、チャートで、両側の小さな平石は、青石である。

こうして見ていくと、五つのブロックの組み方は、五個の組（A）、横石と立石の組（B）、自由に配された三個の組（C）、伏石と立石の組（D）、三尊石組（E）というように、たいへん多様であるのがわかるだろう。少数の石の組み合わせにはどのようなものがあるか、その見本を具体的に示したかのようである。作者の技術に対する自信が表わされているともいえる。

近年、Dのブロックにある右側の石の背面が欠け、それを接着剤で張りつけることになった。その際、石の表面についた地衣類や汚れを落とさなくてはならなくなり、一五個の石すべてが洗浄された。これにより、かつての各石が持っていた鮮やかな色や模様を取り戻したのである。旧状の、黒光りした、どれも同じように見える石の群れしか記憶にない人は、驚くのではないだろうか。

洗浄前の姿のほうが、侘《わ》びを感じられたという人もいるかもしれないが、私は現状のほうが好きである。さまざまな表情の石を用いたことが、作者の意図にかなうものであるからだ。ぜひ、石の配置構成のみならず、一個一個の石にも注目していただきたい。

庭園の由緒、いまだわからず

これほどの名庭でありながら、作者はもちろん、いつ造られたのかさえわかっていない。やはり名のある人に結びつけたいと考える人は多く、古くより、相阿弥《そうあみ》(室町時代の僧・画家)作庭説が根強くあった。その後、夢窓疎石説、金森宗和《かなもりそうわ》説、小堀遠州《こぼりえんしゅう》説などが出たが、いずれも確証はない。この庭園に関する文献が残されてないのである。

応仁の乱後、明応《めいおう》八(一四九九)年、細川政元《ほそかわまさもと》によって方丈がこの場所に再建されている。この年が作庭の上限と考えてよいだろう。ただし、現在ある方丈は当時のものではないから、庭園もまた当時のものであるとは断言できない。また、当時の禅宗寺院の方丈では、その南庭は、『大仙院庭園』のそれと同じく白砂を一面に敷くのが通例であった。これより時代のさかのぼる細川政元の再建当時も、一面白砂だったのではないだろうか。

江戸時代初期になると、禅宗寺院においても、南庭での作庭が一般的に行なわれるようになった。しかし、その多くは、前面部分に白砂を広く残し、いわゆる庭園部分は端に(塀の側に)寄せて造られたものだ。『南禅寺本坊《ほんぼう》庭園』や『大徳寺本坊庭園』、『酬恩庵《しゅうおんあん》庭園』(京都府京田辺《きょうたなべ》市)など、この時代に造られた代表的な作例は、いずれもこの形式である。

すると、龍安寺庭園のように、南庭の全面を用いて石を配置する手法は、古い庭園の中では、たいへん異例であるのがわかるだろう。

その作庭期間と考えられるのは、二つしかない。ひとつは、室町時代後期から桃山時代に当たる十六世紀後半に、きわめて独創的な表現がなされたか、もうひとつは、江戸時代に入って、自由な表現が現われた中で作庭されたか、そのいずれかである。

最後に、室町時代作庭説を裏づける、ひとつのエピソードにも触れておこう。Bのブロックの右側にある石の背面に、「小太郎・〇二郎」という人物名が彫られているのが確認された。のちの調査で、〇二郎は「清二郎」であることがわかったが、龍安寺庭園の作者による刻印ではないかと騒がれたのである。その名が室町時代の古文献に登場することから、この庭園も室町時代の作庭であるという意見が出された。

しかし、作庭家が庭園内にみずからの名を残すという話は、現代に至るまでほとんど聞いたことがない。唯一、『妙経寺《みょうきょうじ》庭園』（大分県杵築市《きつき》）の橋石の背面に彫られている例を知るのみだが、これも住職の名前といっしょに彫られているし、あくまでも橋である。庭師が神聖な石にみずからの名を彫るのは、やはり異例といわねばならない。何かの理由で小太郎と清二郎なる庭師の名前が彫られた石を流用したと考えるのが、自然な見方であろう。

龍安寺庭園の由緒について、あれこれ詮索《せんさく》してみたが、結局のところ不明である。もっとも事実がわかったところで、この庭園の価値が変わるものではない。由緒がわからないことで、かえってこの庭園が持っている質の高さと純粋に向き合うことができるのではないかと考えている。そして、この究極なまでに材料や表現を削《そ》ぎ落として造られた庭園こそ、禅の領域にもっとも近づいた形態を持つものといえるのではないだろうか。

第八章

一乗谷《いちじょうだに》朝倉氏《あさくらし》遺跡庭園群

——息をのむ石組の美

諏訪館跡庭園

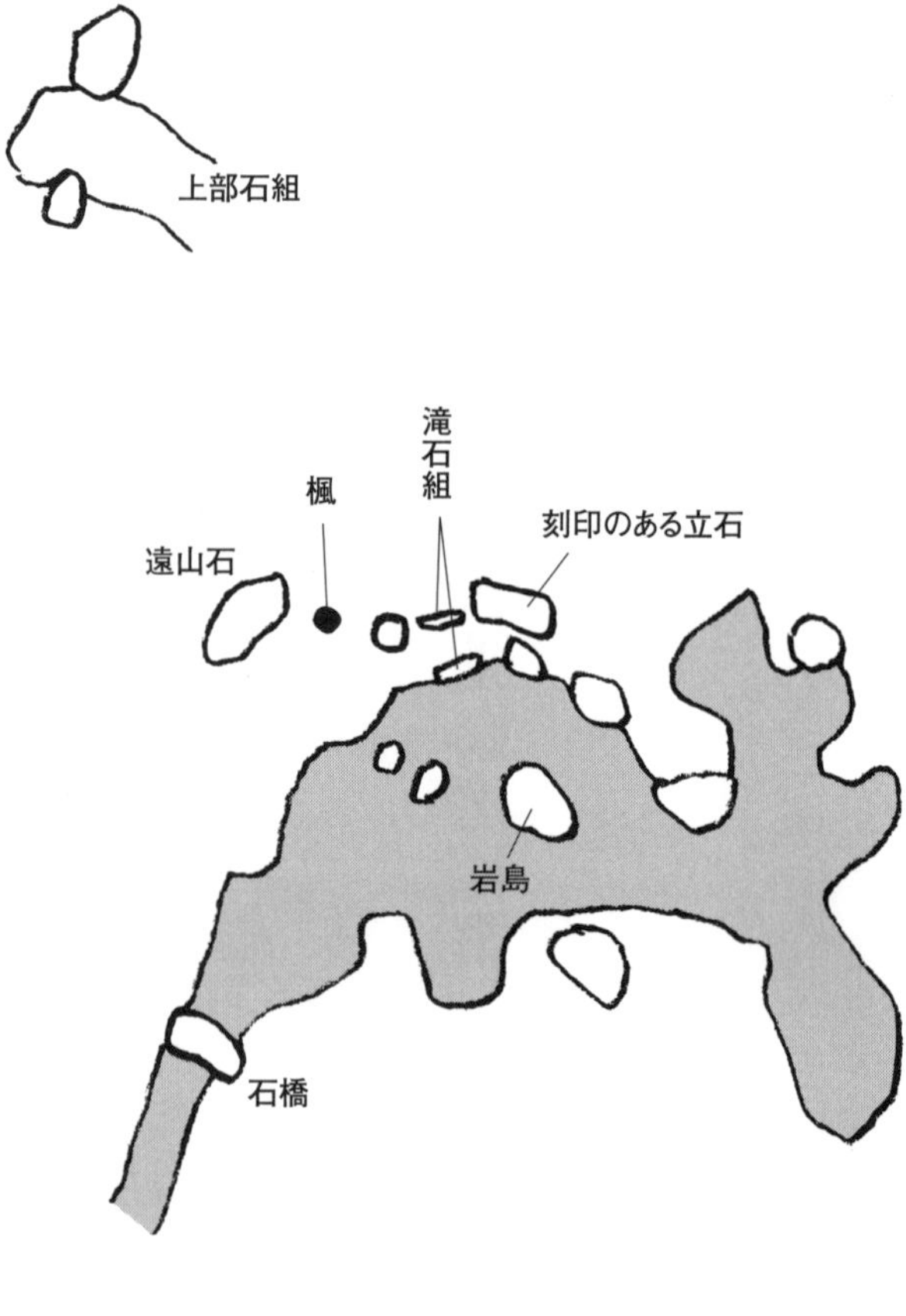

武家の庭園

日本には数多くの庭園が残っているが、その多くは寺院庭園である。庭園にかぎらず、文化財の保存は、寺院の存続によって守られたといってよい。ところが、各家が所有する財産は、その衰亡とともに消失をまぬがれない。また、平安時代には多くの池泉庭園が造られたが、いくつかの浄土式庭園がその跡をとどめている一方で、貴族の邸宅に造られた庭園はひとつも残っていない。

同様に、中世においても、武家の数だけ庭園が造られたはずであるが、家の衰亡によって、ことごとく失われたのである。そのような状況の中にあって、発掘庭園とはいえ、朝《あさ》倉《くら》氏が造った武家の庭園群を見ることができるのは、たいへん幸せなことだろう。

朝倉氏は、約一世紀の間、五代にわたって越前《えちぜん》を支配した武家である。文明《ぶんめい》三（一四七一）年、七代敏景《としかげ》のとき、越前国の守護職としてこの地に入ってから、天正《てんしょう》元（一五七三）年、十一代義景《よしかげ》が織田信長に滅ぼされるまで、福井市から東南に一〇キロメートルほど入った谷間に築かれた一乗谷《いちじょうだに》は、この地方の中心として栄えた。山城のふもとには、朝倉氏と臣下の居宅が建てられ、周囲に町が広がり、最盛期は一万人以上が住んでいたという。

一乗谷が信長軍によって焼き討ちされて以来、庭園の上にも土砂が堆積《たいせき》し、かろうじて大きな石の上部が露出した状態のまま、長い年月が流れた。昭和四十二年になって、ようやく発掘が始まり、そのすばらしい庭園群が日の目を見ることとなった。

一乗谷の庭園群は、国の特別名勝に指定されたものとして、『御湯殿《おゆどの》跡庭園』『朝倉（義景）館跡庭園』『南陽寺《なんようじ》跡庭園』『諏訪館《すわのやかた》跡庭園』と、規模やタイプの異なる四庭園があり、これ以外に、中《なか》の御殿跡や武家屋敷群にも散見される。歩いて数時間のエリアの中に、豊かな庭園文化が発達していたことがわかる。

四庭園のうち、もっとも古いのが、十代孝景《たかかげ》の時代、十六世紀初頭の作と想定される御湯殿跡庭園である。調査の結果、滝石組から落水させていた池泉庭園であることがわかった。

池の東端に浮かぶ島は「亀島《かめじま》」である。一方の西端には「鶴石組」が表わされ、ともに巨石を用いた豪快な構成となっている。亀島の奥には滝石組もあり、まことに折り目正しく、かつ武将らしい強さを前面に押し出した室町時代後期庭園といえる。ほぼ同時期に造られた名庭として、京都の北方、朽木《くつき》の地に残る『旧秀隣寺《きゅうしゅうりんじ》庭園』（滋賀県高島市《たかしまし》）があるが、力強い亀頭石などが類似性を感じさせる。

御湯殿跡庭園の亀島。これでもかとばかりに、石の塊《かたまり》を見せつけているかのような石組だ

旧秀隣寺庭園の亀島

御湯殿跡庭園の立石を用いた石組。
三角形の石は羽石だろうか

旧秀隣寺庭園の鶴島

ただ、石組は堂々としているものの、土が削られすぎているためか、石の座りがやや落ち着かないように思われる。また、島や池の外側には、もっと起伏があったであろうし、木も植えられていたであろう。このようなところを頭の中で補完しながら見ていくことも、発掘庭園のおもしろさといってよい。

義景《よしかげ》時代に花開いた庭園文化

朝倉氏最後の当主、義景の時代になると、その庭園文化は一気に花を開かせる。

彼の居館にも、小ぶりながら、すぐれた池泉庭園が造られていた。その跡は完全に埋もれていて、発掘作業によって、はじめてその存在が明らかになったのである。

その義景館跡庭園は、池の手前の護岸は伏石《ふせいし》によって抑え気味としながら、背後にせまる山の斜面を活かして、力強い立石を中心とした土留《つちど》めの石組と滝石組を造っている。これにより、狭い敷地の中に凝縮された空間が生み出された。また、池の中には不釣り合いなほど大きな石があり、それを中島に見立て、景色の中心を担わせている。結果として、この「岩島《がんとう》」がひときわ大きく造られることで、バランスを保つことに成功した。

狭い池ではあるが、滝の構成もすばらしい。山の上部の池を水源として、そこから引か

義景館跡庭園は、小さな池の中に大きな岩島が目立っている。その後方にある立石を軸にして、左右に落ちる滝石組を造っている

左側の滝石組を正面から見たところ。階段状の水落石は、諏訪館跡庭園のそれと類似している

れた水が、段状の滝石組を落ちている。滝の下には、水分石がおかれて、この滝を中心にした景が茶席のあったとされる場所からの眺めであったと思われる。

このとき、滝石組の右側の「滝添石《たきぞえいし》」は、とくに高く立てられて、横にも大きく張り出している。そのため、裏側の石組はさえぎられ、見えない。私は、その滝添石の右側にある石からも水を落としていたのではないかと考えている。なぜなら、この石は、そのさらに右側にある石とくらべても、一段低く据えられているからだ。もし、これらが護岸であるなら、滝添石の右につづく石は、いずれも低く抑えられるべきであろう。

つまり、先の滝添石を中心にして、左右に水を落としていたのではないかというのが、個人的な見解である。そうすると、右側の滝を正面に見る景が成立し、こちらからは、より岩島の大きさが強調される。小さなスペースの中で、これほど劇的な景色の変化を与える庭園は、ほかに見当たらない。『作庭記』でいうところの「左右落ち」を応用したものではないかと思う。

また、義景館跡の一角には、花壇《かだん》跡も発掘された。これは、日本に造られた花壇の最古の例とされる。義景館は、戦国武将の雄の居館らしく、創意工夫にあふれた文化的施設であったにちがいない。

義景館跡庭園の手前にある花壇跡

南陽寺跡庭園の力強い石組。枯山水のような立体感がある

つづいて、南陽寺跡庭園である。南陽寺は、九代貞景《さだかげ》のときに建立された寺院だが、庭園が造られたのは、義景の時代と考えられている。十五代将軍足利義昭《よしあき》は、義景を頼って一乗谷に身を寄せるが、永禄《えいろく》十一（一五六八）年三月に、この寺で糸桜《いとざくら》を盛り込んだ和歌を交わした。

この庭園も、義景館跡庭園以上に小ぶりであるが、やはり石組が力強い。高く立てられた象徴的な一個の石は、庭園の中心石であり、滝添石でもある。全体的に大ぶりの石が大胆に組まれており、立体感が豊かである。そのため、一見枯山水のように見えるが、当初は池泉庭園であったと思われる。

そして、諏訪館跡庭園である。永禄十二（一五六九）年、義景の新しい奥方のために造られた。おそらく彼が造らせた最後の庭園であろう。嫡男を亡くし失意にあった義景は、新しく迎えた諏訪殿が男子を生むと、すっかり有頂天になり、かえって政務を忘れるようになった。その三年後に朝倉氏は滅ぶ。

まるで、家の衰退に背を向けるかのように、諏訪館跡庭園は、その有終《ゆうしゅう》の美を誇示している。気品と雄大さを兼ね備えた、室町時代末期の武家庭園の最高峰であり、この時代らしい石組の美を随所に感じとることができる。

諏訪館跡庭園の全景。複雑な形の池を造り、左方からの流れとなっている。池には、岩島が浮かび、そのほぼ中央に滝が落ちる。滝石組の上方に、楓と遠山石を備え、このけっして広くはない空間の中に、およそ日本庭園の要素のすべてが盛り込まれている

景観の中心は、池の中央におかれた、端正な段落ちの「滝石組」であろう。手前の池中には、中島を兼ねた大きな岩島が浮かんでいる。この岩島の外観は、義景館跡庭園のものとよく似ている。

また、各方向から延びる出島が池の形を複雑にしており、それによって、東西に長く奥行きの少ない敷地が単調にならないような工夫がなされている。背後にせまりくる緩やかな山の斜面にも、石組を集中させることで、池は広がりを感じさせている。

滝石組の左上には、「楓《かえで》」の古木が美しく枝を広げている。やはり、このような植物の存在感は、日本庭園の美を構成する上において、欠かすことができない要素だ。さらに左上流に、幅広の「遠山石」がある。これが、あえて高く立てられていないところに、すぐれた造形感覚をうかがえる。

この庭園の軸は明らかに左へと向けられているのだが、滝石組の右側には、庭園内最大の石が立てられている。ほとんどが伏石という中にあって、この立石はたいへん目立っている。いまでは、主石のような顔をして、堂々と座っている。

ところが、この立石は、後世になっておかれたとする説がある。そう考える理由のひとつは、この石があることによって、その背後の三尊石組がまったく隠されてしまっている

諏訪館跡庭園の滝石組部分。個々の石に特徴的なものはないが、全体で見ると力強い。これが、石組の力というものだろう

点である。もうひとつは、石の表面に、弘化《こうか》四（一八四七）年のものとして、氏景、貞景、孝景の法号が刻まれている点である。こういった供養塔が、義景時代の庭園の中心におかれているのは、やはり奇妙といわねばならないだろう。

これじたいは、美濃《みの》（いまの岐阜県）産の石なので、わざわざ一乗谷まで運んできた貴重な石であったにちがいない。当初は、同じ一乗谷の中の別の場所におかれていたと考えることもできるが、朝倉氏が滅びたのちに、わざわざ廃墟となった庭石の据え直しをするだろうか。やはり当初からこの位置にあったと見るほうが自然である。そして、のちにこの石を供養塔に見立てて、名前などを刻んだのであろう。江戸末期の人から見れば、朽ちはてた庭園跡は、戦乱の世の夢の跡を象徴するものとして映ったものと思われる。

しかし、この大きすぎる滝添石は、周囲にすっかり溶け込んでおり、興趣のある一景をなしている。少なくとも、楓の木との相性はよい。もし、先の遠山石が高く造られていたら、立石のおさまりはずっと悪かったであろうが、それもない。よく見ると、たしかにバランスは崩れているのだが、それでもまとまりよく見えてしまうのは、本来の庭園が持つ力が、いかに強いかということなのだろう。

また、滝石組の上部にも、すぐれた石組の造形があるので、こちらも忘れずに鑑賞して

諏訪館跡庭園の滝をさかのぼっていくと、もうひとつ、みごとな石組が現われる。鋭い立石は、一見して特別な存在感を漂わすが、この石が、下部に広がる池の源泉を表わしている

分厚く短い石橋。この庭園にある唯一の橋でもある。その後、日本庭園の橋は大きな発展を見せるが、諏訪館跡庭園の自然石の橋は、ずっと控えめで、橋というより、石組の一部であるかのようだ

いただきたい。

最後に、この諏訪館跡庭園は、桃山時代に入る直前の作庭であるが、ちょうどその時代をうかがわせるディテールが見られるので、少し専門的になるが、ふれておこう。

池の左手に入ると、流れが造られ、短い自然石の橋がひとつ架《か》けられている。かなり厚みのある石橋だが、時代が下ると、これがさらに分厚くなる。この石橋は、まだ中世の武家の美意識をとどめた造作をしている。ところが、石橋の橋添石《はしぞえいし》となると、すでにパターン化がみられ、四隅に四個あるべきものが、三個しかない。しかも、そのうちの一個に背の高い石が用いられ、これらは桃山時代以降の手法といってよいものである。

いわば、中世の純朴で質素な感覚と、近世的な手慣れた手法とが入り混じっているのが、この庭園のおもしろいところである。まさに、過渡期にある作例といえよう。この後、武家の庭園は、江戸時代に向けて、絢爛豪華《けんらんごうか》を極めていくのだった。

第九章　徳島城《とくしまじょう》旧《きゅう》表《おもて》御殿《ごてん》庭園

——絢爛《けんらん》豪華《ごうか》な大名庭園の始まり

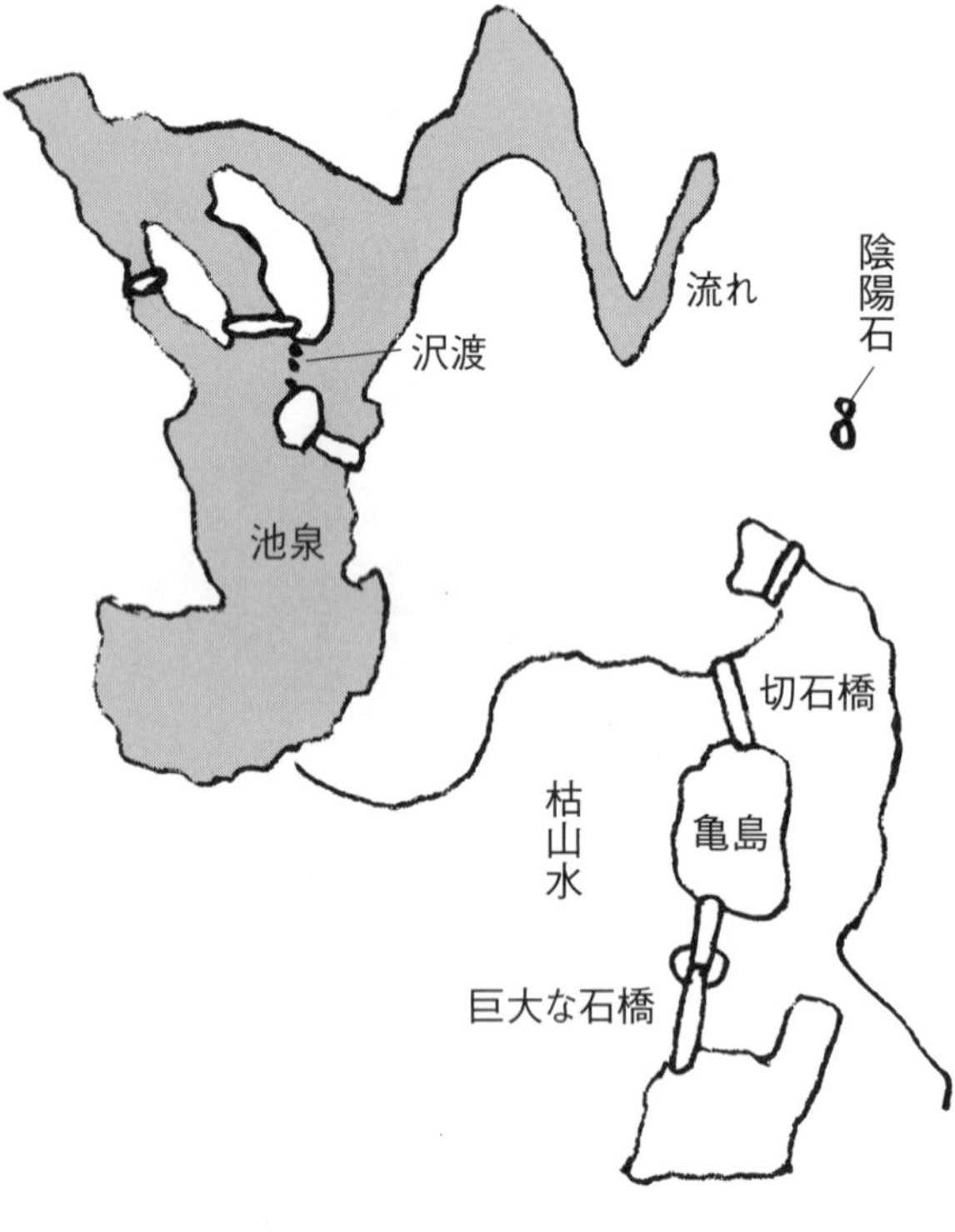
陰陽石
流れ
沢渡
池泉
切石橋
枯山水
亀島
巨大な石橋

青石《あおいし》の聖地だった

阿波《あわ》の国、徳島城は、徳島市内を流れる助任川《すけとうがわ》のほとり、小山の上にある。至徳《しとく》二（一三八五）年、細川頼之《ほそかわよりゆき》がこの地に入り、その風光をたたえ、城を築いたのが最初とされている。時代は下って、天正十三（一五八五）年、蜂須賀家政《はちすかいえまさ》が、豊臣秀吉より四国平定の功を認められ、この地をたまわった。江戸時代に入ると、そのまま蜂須賀氏二五万石の居城となる。いまの『徳島城旧表御殿庭園《とくしまじょうきゅうおもてごてん》』が造られたのは、この時代である。

庭園に臨む表御殿は、城山の南側の敷地に建てられていた。いまは、天守も表御殿もないが、庭園だけは無事残された。まず、このことに感謝しなくてはならないだろう。十七世紀の初頭、茶人としても有名な上田宗箇《うえだそうこ》が招かれて造ったものといわれているが、確証はない。

これも、戦乱を生き抜いた武家の庭園である。しかし、『一乗谷朝倉氏遺跡庭園群』（第八章）とくらべると、その雰囲気はまったくちがったものになっている。両者の作庭された年代は、わずか四〇年くらいしか離れていないのであるが、あちらは中世の造形で、こちらはすっかり近世の造形である。石組は力強いが、すでに緊張感は薄まっており、全体の印象は明るくのびやかだ。平和というものが、いかに芸術表現に大きな影響をもたらす

徳島城旧表御殿庭園、その池泉庭園部分の中島と石橋。華やかな青石が、巧みな配置構成によって、躍動している

のかが、表わされている。

この庭園の見どころは、何といっても、ふんだんに用いられた「青石《あおいし》」だ。全体の明るい印象も、そのあざやかな青緑色によるところが大きいだろう。

阿波は、青石の一大産地であるから、すべてを現地調達でまかなうことができた。『阿波国分寺庭園』や『観音寺《かんのんじ》庭園』（徳島市）などと並んで、青石の名園とされている。青石の重要産地には、ほかに紀州《きしゅう》（和歌山県）と秩父《ちちぶ》（埼玉県西部から群馬県にかけて）がある。紀州にも、『粉河寺《こかわでら》庭園』（粉河町）や『和歌山城西之丸《にしのまる》庭園』（和歌山市）といった青石の名園がある。ほかの地域からすれば、まったくうらやむべき環境である。

このように、阿波という土地は、庭園王国となるべき素質を備えていたが、実は、徳島城本丸の築かれていた山じたいが、青石の聖地であることは、ほとんど取り上げられていない。かくいう私も、この目でそれを確認するまでは知らなかった。庭園調査の目的で訪れ、庭園に向かっていく途中の園路沿いで遭遇し、驚かされたのである。

城山は、全山が青石岩盤で、ふもとのいたるところに奇怪な岩が露出している。それはひび割れ、割れ目からつる草が伸び、岩肌を這《は》っている。洞窟《どうくつ》のように見えるところもあり、いかにも仙境《せんきょう》のような趣《おもむき》が漂っている。ここは、古代には信仰地だった聖地なの

徳島城のあった山の全体が、青石の聖地といえる

城山には、洞窟のような景色もあった

ではないだろうか。細川頼之は、すごい場所に目をつけたものである。

おもしろいことに、城山のふもとに見られる青石の岩は、斜めになっているものが多い。おそらくは土地の隆起や褶曲《しゅうきょく》にともなう現象であろう。旧表御殿庭園内の青石には、まっすぐ立てられたものだけでなく、一部に斜めに据えられた護岸石組が見られるが、これも、すぐ近くにある自然の青石の姿にならったものと考えられなくもない。

ほとんど同じ池泉と枯山水の謎

徳島城旧表御殿庭園は、北側に池泉庭園、南側に枯山水が並べて造られている。とくに注意をはらっていなければ、そういえば、水のあるところと水のないところがあったという程度のものである。池泉部分と枯山水部分は、水の有無をのぞいて、ほとんど一連の造形ように見える。

ただ、厳密にいえば、池泉と枯山水とでは、造り方が根本的に異なる。水を張る池と、水を張らない枯池とでは、当然ながら構造じたいがちがってくる。すなわち、水を張る池の護岸は、漏水《ろうすい》を防ぐために、枯池のそれより、しっかりと施工しなくてはならない。一方の枯池の護岸石組は、いってしまえば、見た目のためだけにある。一部を省略しても何ら問題はないが、ここの枯山水は、池泉庭園と同じく、ガッチリと石が組まれている。なぜ、わざわざこんな面倒なことをしたのだろうか。石の数を増やせば、費用もかかる。それに、枯山水を造るのであれば、せっかくの機会であるから、池泉部分とはちがった造形美を求めようと考えてもよさそうなものである。ところが、この庭園の作者は、そうはしなかった。

彼の真意を簡単には推《お》しはかることはできないが、ひとつは、池泉部分と枯山水部分の造り分けの技術を見せたかったということだろう。この試みは、成功したとみてよい。作庭について少なからず知識のある人が見れば、それも新しい挑戦に映ったにちがいない。これとほぼ同時期に造られたとされる『西本願寺大書院庭園《にしほんがんじだいしょいん》』（京都市下京区《しもぎょう》）も、完全な池泉庭園の地割を持つ枯山水庭園である。

豪華な石橋

本庭で見立てられた石は、どの石を見ても力強く、美しく、よくこれだけの石を集められたものだと感心してしまうが、その最たるものとして、石橋に注目してみたい。池泉部分に四本、枯山水部分に三本の石橋が架《か》かっている。これらすべてをひとつの池泉庭園で用いてしまえば、たしかに橋ばかりが目立って、うるさく感じられたであろう。

通常、大きな石橋に用いられる材というものは、望んですぐに入手できるものではない。蜂須賀家の権力というものが感じられる。

徳島城旧表御殿庭園は、石橋の名園だと思う。

池泉部分の中島に架かる石橋は、『天龍寺庭園』（第四章）のそれのような緊張感こそないが、周囲の躍動的な石組に渾然《こんぜん》一体と溶け込んでいる。周囲の石組が生み出すリズムをみごとにまとめる役割を果たしている。

さらに、印象深いのが、枯山水部分に架けられた石橋である。

そのうちのひとつは、一〇メートルにも及ぶ自然石で、横から眺めた姿は、あたかも天上を悠然と泳ぐ龍そのものである。橋の上部には、ちょうど鱗《うろこ》のような皺《しわ》があり、とくに雨上がりの日などは、ヌルッとした生物の背中のようだ。橋を渡ると、龍の背中の上に乗っているかのような感覚にとらわれる。

これは、もとは一本だった材が途中で接《つ》がれている。あまりにも大きいため、運搬の途中で折れてしまった可能性もあるが、ここは、運搬後に、あえて人為的に割って用いたものと考えたい。というのは、この二本になった石橋と、中島（亀島）をはさんでもう一本

枯山水部分には、龍のような、巨大な自然石の橋が架けられ、最大の見どころとなっている

これほど特異な橋でありながら、あたりの景色に溶け込んで違和感がない。かえって庭園全体にエネルギーを注入している

の石橋をあわせ、三本の構成に造られている。これによって、亀島をはさんで三本の石橋を据えるという、日本庭園における基本的な石橋の構成が成り立っているからだ。

もう一本の石橋とは、この時代らしい形状の「切石橋《きりいしばし》」である。切石とは、自然で用いられる石に対して、加工をほどこした石をいう。これも四メートルを超える大きな石橋だが、その上部はゆるやかな曲面に加工され、ほどよい厚さもあって、気品に強さを備えた造形である。歩行面には、さらに切り落としをしようとした矢跡《やあと》が残っており、よいアクセントとなっている。この切石橋は、もちろん青石ではなく、花崗岩《かこうがん》である。

西本願寺大書院庭園でも、二本の切石橋を架けて、その景をいっそう印象深いものにしているが、このような加工された橋が見られるようになるのは、桃山時代になってからのことである。

近世庭園のはじまり

日本庭園では、一般的に、園内に立てる石を加工することはない（据えやすいように下部を削ったりすることはある）。その一方で、この時代になると、橋や、飛石、石造物などの加工物をおいて、あえて人工の美を表現することが行なわれた。

徳島城旧表御殿庭園の枯山水部分には、切石の橋もある。自然の表現である石組に対する人工美が表わされたもの

切石橋の魅力が最大限に活かされた例として、西本願寺大書院庭園があげられる。その曲線の妙は、自然石ではけっして得られないものだ

中世以前の日本庭園は、あくまでも自然の景色であり、かろうじて抽象的な造形意図が加えられているにすぎなかった。それは、指摘されないとわからないものである。建築は建築、庭園は庭園として、はっきりと分けへだてられていた。建築とは人間の表象であり、庭園とは自然の表象である。

ところが、おそらく露地庭園の要素が従来の庭園の中に取り入れられる過程で、このような人工美の混入が行なわれていく。庭園の中にも、人間の要素が色濃くなっていったのである。かくして、建築と庭園の美は、一体のものとなる。

中世の末期に造られた『一乗谷朝倉氏遺跡庭園群』（第八章）では、いずれの庭園において豪快な石組が築かれても、最後の一線を越えることはなかった。石橋は小さく、自然石で造られていた。これが、巨大化し、加工されるようになった背景には、武家社会の成長が極限にまで達したことと無関係ではないだろう。乱世が起こり、天下統一され、ついに安泰の世を迎えたとき、武家の美意識を支配したのは、人間の表出だった。それは、エゴイズムであり、権力の表現ともいうべきものである。

その象徴が、橋だったといえるだろう。本来、島や対岸は、人間の力が及ばない神の領域のはずであった。そこに何本もの橋を架けるという行為は、自然に対するおそれやその神秘性へのあこがれが、失われてしまったことを示している。純粋な自然の表現から、自然の中にある人間の表現へと、比重が移っていく。その結果、機能のために（渡るために）造られていた橋は、かえって見られるための橋として造られるようになる。

近世に入ると、橋の表現は多様化され、切石橋のほかにも、木橋、石橋、屋根つきの橋、土橋《どばし》、八《や》ツ橋、沢渡《さわたり》などと、さまざまな形式が生み出された。木製の反橋と平橋、自然石の石橋しかない時代から、その表現は大きく飛躍し、庭園内の重要な景をなすようになった。橋は、庭園の中におかれる建造物ではなく、庭園の一部となった。

また、橋が造られる場所にも、多様性がもたらされる。『粉河寺庭園』、『名古屋城二之丸庭園』（名古屋市中区）、『智積院《ちしやくいん》庭園』（京都市東山区）などでは、滝石組の最上段に石橋が架けられている。このような形式を「玉澗流《ぎょっかんりゅう》」という。玉澗は中国南宋《なんそう》時代の画家である。彼が描いた山水画の世界をヒントにして考案されたものである。橋を架けるという行為にも、さまざまな工夫が凝《こ》らされるようになった。

徳島城旧表御殿庭園の橋には、もうひとつ、その池泉部分に、すぐれた「沢渡」がある。沢渡は、もとは自然の川にあるものだが、ここでも、いかにも水上の飛石のような役目を果たしている。そのひとつひとつの石は大きく、自然のまま用いられ、ふぞろいであ

粉河寺庭園も、紀州青石を豪快に組み上げた、この時代を代表する枯山水の名庭である。滝石組の上方高くに架けられている長い石橋は、危なっかしく見えるが、渡るための橋ではない

醍醐寺三宝院庭園の土橋。木製の橋組の上に土を乗せて固めたものが、土橋である

修学院《しゅうがくいん》離《り》宮《きゅう》庭園の千《ち》歳橋《とせばし》。江戸時代に入ると、このような建物の形をした橋も多く造られるようになった

る。背後に見える石橋と同様、周囲の景色と融合し、とってつけたような違和感もない。
さらに、この沢渡は、池の水位が上下することで、水没したり、また出現したりして、客人を楽しませた。川は、海に近い部分で、その潮の干満の影響を受けて水位を上下させる。ここの池泉庭園は、そういった海の近くの川から水を引いていたため、やはり水位を上下させたのである。

このように潮の干満によって水位の変化をつけて楽しむしくみを「汐入《しおいり》」という。沢渡は、以後、汐入庭園の中で多く用いられるようになった。それは、東京の市中に残る『旧芝離《きゅうしばり》宮恩賜《きゅうおんし》庭園』『清澄《きよすみ》庭園』『旧安田《きゅうやすだ》庭園』、また『温山荘《おんざんそう》庭園』（和歌山県海南《かいなん》市）などにもあるが、徳島城旧表御殿庭園のものは、その先駆例といえるだろう。

徳島城旧表御殿庭園は、大名である蜂須賀氏が造らせた、大規模な廻遊《かいゆう》式池泉庭園であるから、れっきとした「大名庭園」である。そのはしりというべき作例であろう。大名庭園については後述するが、この庭園の中にも、実に近世の大名庭園を感じさせる造形がいくつかある。

ひとつは、池泉庭園の東端に造られた「流れ」の表現である。これは、従来の小川のような遣水《やりみず》とは明らかに異なっている。青石が何段にも高く組まれて（あるいは大きな石を据

徳島城旧表御殿庭園の池泉部分にある沢渡。先のほうの三つの石が水没している。池の水位によって、その見え方は変化する

徳島城旧表御殿庭園の池泉部分、東側にある流れ。渓谷の趣だが、ただ深さを表現しているだけでなく、その石組は力強い。奥には、洞窟表現が確認できる

陰陽石も、その後の大名庭園によく見られるようになる要素だ。ただし、ここの陰陽石は、単独の石の形状のみに頼るものではなく、複数の石の構成として表現されている

えて)、水は深い谷の底を流れる。まさに渓谷美を表わしたものといえるだろう。

同様の造形が、紀州の和歌山城西之丸庭園にもあるが、いずれの渓谷の表現も、青石との相性のよさを示している。周囲を覆《おお》う木々とも相まって、青く暗い幽邃境が演出されている。大きな池に注ぐ流れとしては、これくらい大規模でないと不自然なのかもしれない。深い渓谷は、この庭園の大きな起伏を表現している。一カ所から全体が見渡せてしまうような平板な地割は好まれなくなり、より立体化することで、多様な景観を生み出しているのである。これは、日本庭園の進化といってよいだろう。

もうひとつは、池の東側築山にある「陰陽石《いんようせき》」で、そそり立つ陽石(男根)と穴の開いた陰石(女陰)の組み合わせである。古くより陰陽石は、多産の象徴として民間信仰の対象だったが、これを立石と伏石のちがいによって表現する手法が日本庭園にも見られた。江戸時代になると、それは、世継ぎの誕生と家の繁栄を願う武家の意識に沿うところとなったのである。この手の表現は、多くの大名庭園に見られる。徳島城旧表御殿庭園の陰陽石は、もう一個の立石などとからめて、本格的な石組に仕立てている点がすばらしい。

大名庭園を含む江戸時代以降の池泉庭園は、いわば玉石混淆《ぎょくせきこんこう》である。しかし、徳島城旧表御殿庭園は、その初期段階の創意と卓抜した技術によって、一見に値する。もっとその名を知られてもいい庭園ではないだろうか。

最後に、池泉部分の南側護岸にある石組を見ておこう。ひとつは、ほとんどの石が立てられ、その石質の魅力をいかんなく発揮している。もうひとつは、池に向かって斜めに据えられた石組で、これまでの日本庭園にはない、現代人の感性にも通じるような表現である。私は、この庭園が随所で見せている底力のようなものに惹《ひ》かれている。

垂直に立てられた護岸石組

斜めに立てられた護岸石組

第十章

南禅寺金地院庭園《なんぜんじこんちいんていえん》

——鶴亀蓬莱《つるかめほうらい》庭園の代表格

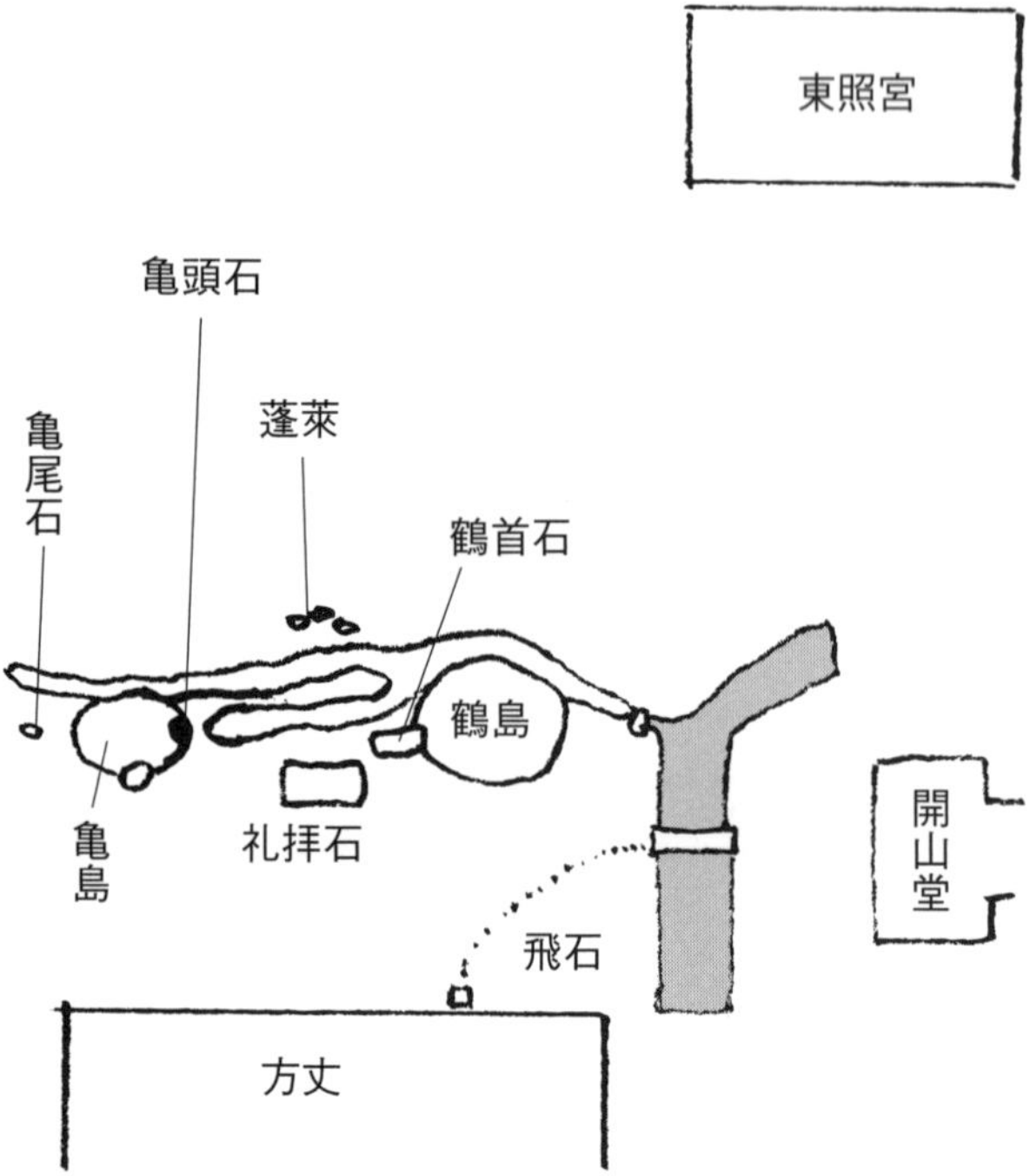
東照宮
亀頭石
蓬萊
亀尾石
鶴首石
鶴島
開山堂
亀島
礼拝石
飛石
方丈

作庭に関わった人たち

日本庭園の作者が、文献に名を残すことは稀《まれ》である。作者と伝えられる人がいたとしても、伝承が多い。ところが、桃山時代から江戸時代初期にかけて造られた二つの庭園は、はっきりとした由緒を残している。そのひとつは、『醍醐寺三宝院庭園《だいごじさんぽういん》』（京都市伏見区《ふしみ》）であり、もうひとつが、『南禅寺金地院庭園《なんぜんじこんちいん》』（京都市左京区）である。

この二つの庭園が一括して語られることは、庭園史以外の場面では、ほとんどといってない。おおかたの認識は、数ある京の名庭のうちの二庭というものであろう。しかし、両庭は、大きな共通点を持っている。

まず、ともに賢庭《けんてい》が関わったことがわかっている。賢庭は、十五世紀の作庭に活躍した善阿弥《ぜんあみ》など山水河原者《せんずいかわらもの》の一派で、庭造りのプロフェッショナルだった。なぜ、彼が関わったことを断言できるのかといえば、造庭の依頼者が日記を残しており、それらの中に共通して、彼の名前が登場するからである。

この日記や文献の存在が、第二の共通点といえる。醍醐寺三宝院は『義演准后日記《ぎえんじゅごう》』に、南禅寺金地院は『本光国師日記《ほんこうこくし》』にそれぞれ記録されている。日記を残した義演准后や本光国師は、ともに僧である。本光国師とは、金地院を再興した以心崇伝《いしんすうでん》のことで、徳川家康の篤《あつ》い信任を受けた。相当なやり手だったらしく、黒衣《こくい》の宰相《さいしょう》の異名もある。

以心崇伝は、金地院を再興するに当たって、小堀遠州《こぼりえんしゅう》に、数寄屋《すきや》（茶室）や「地形なわはり（縄張り）」などの設計・施行を依頼する。作庭は、「地形縄張り」の中に含まれるであろう。日記によると、これが、寛永《かんえい》四（一六二七）年八月二十八日のことである。その後の日記にも、「庭之事」「庭立石植木之事」「泉水の事」「大石庭」などとして、具体的に作庭の件が登場する。

ただ、小堀遠州は多忙な人であった。彼は、幕府の作事奉行《さくじぶぎょう》として、数多くの幕府がらみの仕事をこなした。寛永三（一六二六）年に、『二条城二の丸庭園』（京都市中京区）の改修、御所の改修や作庭も多く手がけ、隠居後の自身のために、『大徳寺孤篷庵《こほうあん》庭園』（京都市北区）を造った。将軍家の茶道指南役もつとめていた。そんな遠州が、幕府と密接な関係のある以心崇伝の依頼を断れるはずがない。

かくして、金地院の以心崇伝のもとには、全国から庭石が届けられ、その経緯も日記には書かれている。松平備前守《まつだいらびぜんのかみ》からは橋石二本が、松平土佐守《とさのかみ》からも橋石が寄贈されている。これは、本庭園で「礼拝石《らいはいせき》」として使われているものと考えられ、留守居《るすい》役が橋石と錯覚したのであろう。ほかにも、近江の小野宗右衛門《おのそうえもん》などから、多数の橋石や長石が寄せられた。日記からは、錚々《そうそう》たる当時の各国大名たちが、権力者の欲求にこたえようと腐心する様子が伝わってくる。

金地院作庭当初の遠州は、江戸を本拠としていたので、ほとんど現場には立ち会えていなかった。代わりに作庭を指示したのは、彼が遣《つか》わした、村瀬左介《むらせさすけ》という人物である。村瀬は露地部分を担当して、その完成が日記に書かれている。そして、いよいよ金地院庭園に着手することになり、先に述べたとおり、まずは材料である庭石の運搬から始まった。さらに、以心崇伝からは遠州に対して、庭園の具体化に関する書状が送られている。

寛永七（一六三〇）年の四月五日の日記には、遠州から返書が来て、賢庭が加州（加賀《かが》国、石川県）に下ったとある。これには、遠州の指導によって賢庭が作庭にかかる予定だったのが、加賀の前田家からの仕事に赴《おもむ》いているので、京都へ帰りしだい早速取りかかる旨が書かれていたのである。作庭が始まってからも、各方面から石の寄贈が相次いだために、遠州や賢庭もやりにくかったのではないだろうか。

寛永九（一六三二）年五月二日、庭園がほぼ完成した。以心崇伝はこの日、「今度《このたび》庭成就（完成）。満足之由《よし》」とし、このとき、賢庭への礼のことも気にしていると書いている。

ところがこのとき、以心崇伝は江戸におり、体調を崩していた。結局、翌年の正月二十

金地院庭園の全景。前面に広く白砂を敷き、左から、亀島、蓬萊、鶴島。蓬萊の手前に、巨大な礼拝石。背後には、大刈込が造られる

日に亡くなり、庭園の完成には立ち会えなかったが、小堀遠州、賢庭、村瀬左介といったプロフェッショナルたちの連携によって、名庭は完成した。

豪華な鶴亀蓬萊《つるかめほうらい》庭園

金地院庭園は、自然の景をそのまま写したものではない。設計をした小堀遠州は、基本的に建築家であった。したがって、この庭園でも、意匠性というものを前面に打ち出している。枯山水という手法は、不変のデザインを表わすという意味において好都合だ。そこで表現されたのは、「鶴亀蓬萊様式《つるかめほうらい》」であった。

方丈の前には、広く白砂を敷き、中央奥に「蓬萊」をおく。それは、大小の石を巧みに組み合わせた造形である。「三尊石組」を中心にして、周囲に見どころのある石を数多く散らしている。白砂の手前からでは少し見えにくいのだが、たいへん華やかで、すぐれた石組だ。

三尊石組の左隣におかれた「燈籠」も美しい。大きからず、意匠は意外なほど控えめである。遠州は、繊細な美意識も持ち合わせていたことがうかがえる。こういったところに、巨大で華美な石造物を用いるなどという愚かなことは行なわなかった。蓬萊のあたり

蓬萊の三尊石組部分。中尊の左後方にある、いちばん高い石は、遠山石である。いずれの石も、力強く垂直に立てられている

三尊石組の周囲にも、石が点々と配置されているが、散漫な印象をまったく与えない

低く据えられた石が中心の亀島

亀島とは対照的に、高く立てられた石が中心の鶴島

鶴島の中心部分。江戸時代初期には、これほどの石組の力強さがまだ残されていたのである

には、栗石《くりいし》が敷かれ、白砂の部分とは一線を画している。

蓬萊の手前、左右には、これまた堂々とした「亀島《かめじま》」と「鶴島《つるじま》」を構える。

向かって左側が、亀島である。ゆったりと、重みのある石組だ。用いられている石はいずれもすばらしいので、長く見ていて飽きることがない。右手の先端にある石が「亀頭石《きとうせき》」である。島の中央正面、もっとも大きな石が「亀甲石《きつこう》」、この石の左右に飛び出した石が「亀脚石《ききやく》」。亀甲石と二個の亀脚石は、三尊石組のようにして据えられている。さらに左手に離れ、傾けて据えられているのは、「亀尾石《きび》」である。また、島の上に植えられた、みごとな枝ぶりの「柏槇《びやくしん》」は、作庭当時の古木であろう。その姿はあたかも巨大な盆栽だ。

一方の鶴島は、右側に位置し、横に倒した巨大な「鶴首石《かくしゆせき》」が目を引く。そのほかの石は、力強く垂直に立てられており、これらの連続した三尊石組の手法により「羽石《はねいし》」が構成されている。鶴島の石組構成を見ていると、ふくよかな鶴の胴体を表現するために、かなり高く土を盛っていることがわかる。このような場所での石組は、下から石積《いしづみ》のようにして組む必要があるため、できあがりを想定しながら、石の見立てをしなければならない。まさに遠州と賢庭という、二人の名人の才能が揃い踏みした賜《たまもの》といえるだろう。高く造られた鶴島は動的な形態で、静的な亀島との対比がおもしろい。羽を高く上げ、首を前に長く伸ばして飛翔する鶴の姿が表わされている。ちなみに、島の上には、蓬萊神仙を表わす「赤松《あかまつ》」の木が植えられている。

このように、鶴亀と蓬萊の構成は、たいへんシンプルなものだ。蓬萊を中心にして、左に「静」の亀島、右に「動」の鶴島をおく、三位一体の様式である。その単純な構成を、最高の材料と技術を用いて、徹底的に造り込んでいく。日本庭園が、芸術の領域に入れられる理由がわかるだろう。

鶴亀や蓬萊は、それ以前の庭園のモチーフとしても多用されてきたが、この庭園のように様式美にまで高められた例はなかった。そして、以後もこれを超えるものは造られなかったのである。その造形は、絢爛豪華にして、最高の気品をたたえている。

そして、蓬萊の直前には、赤錆色をした礼拝石が横たわっている。手前からはわかりにくいが、五畳分ほどの大きさのある巨石で、鑑賞者の度胆《どぎも》をぬく。これほど大きく、平らな石が、自然に産出したというのが信じられない。

一般的に、礼拝石は、庭園のいちばん手前におかれる場合が多い。その石のある場所から庭園全体を見渡し、土地の神や霊に対する感謝の祈りを表わしている。この場合、具体的な何かを礼拝する目的で設けられていない。三尊石組がかならずしも仏を表わしていないのと同様である。

しかし、本庭の礼拝石は、礼拝する明らかな対象がある。それは、背後に隠れている東《とう》照宮《しょうぐう》である。東照宮は、周知のとおり、徳川家康を祀《まつ》る神社だが、金地院の東照宮は、庭園に先んじて、寛永五(一六二八)年に造営されていた。当然ながら、庭園の構成は、その存在を受けたものとなる。礼拝石も、そうした経緯の中で設けられた。

興味深いのは、この石が、もっと手前(方丈のすぐ前か、少なくとも白砂の中)におかれず、鶴亀蓬萊庭園の一部として組み込まれたことであろう。こういった点に、遠州の創意を感じる。礼拝石と、亀島、鶴島は、ほぼ横一列に並んで、一帯には苔が敷かれ、特別な場所を創出している。

背後の大刈込《おおかりこみ》は、当初のものか

金地院庭園の石組は巨大であるが、それでも広い白砂の手前から見ると、けっして大きすぎるというわけではない。したがって、一般の鑑賞者の目に飛び込んでくるのは、その背後に雲のように盛り上がる木々の「刈込《かりこみ》」である。

丸く刈り込まれた木々が、庭園に導入されるようになったのは、いつごろからだろう。いまでは、全国の庭園や公園において、その手法は一般的なものとなり、いかにも日本庭園のひとつの流儀のようにもなっている。

室町時代に造られた『大徳寺大仙院庭園』（第六章）にも、美しい形の五葉松や椿があった。それらの美は、庭園全体の中の一景をなす点に主眼がおかれていた。しかし、木々が大きく生長していく過程で、当初に予定した姿形からは変化してしまうことが多くあるのである。日本庭園における植木の剪定《せんてい》は、夏の京都という特有の高温多湿の場所で、庭園内が涼しげに見えるようにという理由から始まった。これがのちに、木々を寄せて植え、ひとつの固まりとしたところ、茶畑のような美しさに見えることから大刈込という手法が出てきたのである。

刈込の美を表現した庭園は、ほかにもいくつか残されている。その代表的な例が、『頼《らい》久寺《きゅうじ》庭園』（岡山県高梁市《たかはしし》）である。小堀遠州の作庭と伝えられ、やはり鶴亀蓬莱様式の石組がすばらしい。しかし、ここの刈込も当初からあったわけではないように思われる。その後、『正伝寺《しょうでんじ》庭園』（京都市北区）、『大池寺《だいちじ》庭園』（滋賀県甲賀市《こうかし》）、『慈光院《じこういん》庭園』（奈良県大和郡山市《やまとこおりやまし》）、『修学院離宮《しゅうがくいんりきゅう》庭園』の「上御茶屋《かみのおちゃや》」といった、むしろ刈込が主役となった

大刈込の名庭として知られる頼久寺庭園

頼久寺庭園のすばらしさは、まず本格的な石組の構成があって、それと刈込とが調和している点にある

庭園が造られる。

これらの刈込や大刈込に用いられる植栽は、躑躅《つつじ》や皐月《さつき》が中心である。なかには多種類の木々を寄せ植えして造られているものもある。強剪定に耐え、造形がしやすいからだ。すでにあった植物が、時間を経《へ》て刈込を必要とするようになったのではなく、最初から刈込の素材として扱いやすい植物が選ばれるようになった。

造形表現としての刈込の登場は、やはり作庭という行為が一般的なものになった江戸時代初期の後半以降と考えるべきだろう。

寛政《かんせい》十一（一七九九）年出版の『都林泉名勝《みやこりんせんめいしょう》図会《ずえ》』に掲載された金地院庭園の図では、すでに丸く刈り込まれた巨大な木々が描かれている。ただしこれも、小堀遠州の作庭意図の中にあったものではなかったと考えられ、時代が下っていく中で、いっときの剪定を担当した者によって造られ、現在あるような姿に変貌したのではないだろうか。

この深い緑は、蓬莱石組とも相性がよい。季節になると、大きな花が石や苔の上に落ち、いっそうの興趣を添えている。

開山堂《かいざんどう》に至る大曲《おおまがり》の飛石

この庭園には、白砂の右方に、大きく曲がりながら打たれた飛石がある。広い前庭の中には、砂紋をのぞいて、造形といえるものが、この飛石しかない。そのため、大いに目立ち、真っ先に視界に飛び込んでくる。

飛石は、ほとんど同形の正方形に切られた石が、方丈前から開山堂《かいざんどう》前へとつづく。大《おお》曲《まがり》の構成もさることながら、一個おきに角度を変えて据えている点が、創意のあるところだろう。また、切石といっても、完全に成形されているわけではなく、少々ふぞろいに造られており、このあたりのセンスが抜群である。

開山堂は、中興《ちゅうこう》開山である以心崇伝を祀る堂である。東照宮と並んで重要な建物で、そこへと向かう道として造られた。おそらく遠州によって作庭されたのちに新しくわえられたものと思われる。

鶴亀蓬萊様式は、自然石を用いながら、抽象化された造形表現である。一見場違いに思えながら、飛石の現代的な意匠性とも矛盾していない。結果として、その取り合わせの妙が、この庭園をさらに魅力的なものにしている。

金地院庭園の白砂に打たれた切石の飛石も、たいへん印象的な意匠である

大胆な飛石と、後方にある正統派の石組との対比がおもしろい

第十一章　桂離《かつらり》宮《きゅう》庭園

――どこから見ても名景

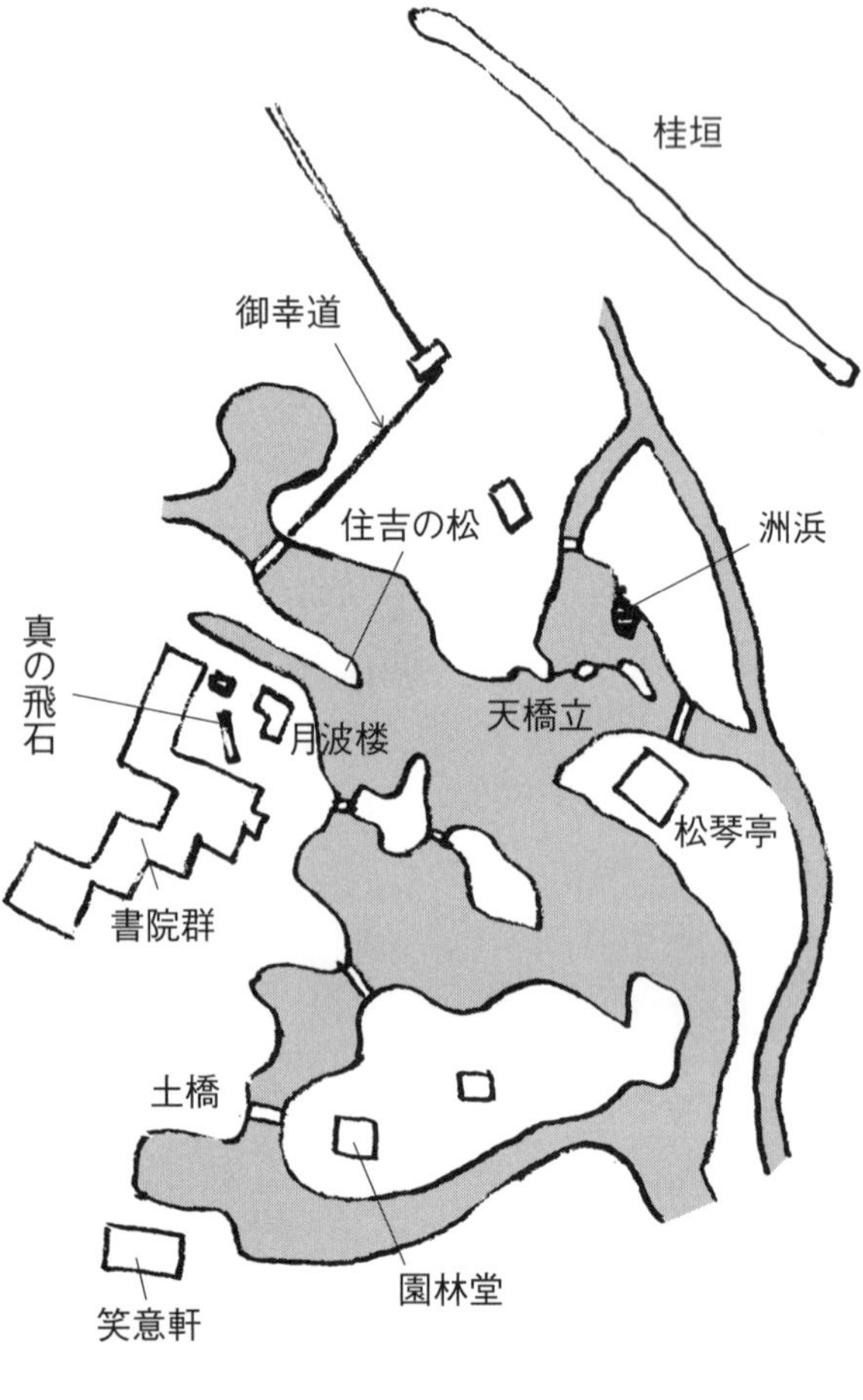
桂垣
御幸道
住吉の松
洲浜
真の飛石
月波楼
天橋立
松琴亭
書院群
土橋
園林堂
笑意軒

究極の池泉庭園

『桂離宮庭園《かつらりきゅう》』（京都市西京区《にしきょう》）は、元和《げんな》六（一六二〇）年より、京都の市内より西南、桂川の河畔《かはん》に造営された。一度に現在の姿になったわけではなく、八条宮《はちじょうのみや》家《け》を創設した智《とし》仁《ひと》親王（正親町《おおぎまち》天皇の孫に当たられる）から始まり、その子の智忠《としただ》親王、穏仁《やすひと》親王と、長く三代にわたって増改築が繰り返され、完成したものである。

当初は「桂山荘」と呼ばれたが、いまは桂離宮という名称になり、『修学院離宮《しゅうがくいん》』（京都市左京区）などと同様、皇室の財産である。ゆえに、これほどの内容を持ちながら、名勝や重要文化財などの指定を受けていない。

拝観には、事前に往復ハガキやインターネットで登録し、拝観日の抽選を受けなくてはならない。しかも、日曜・祝日の拝観はなく、土曜日の拝観も限定的である。ふらっと訪ねることはできないので、定職のある人にとっては、なかなか縁遠い庭園である。

それでも、苦労して訪ねる価値は十分にある。ここの池泉庭園をもって究極とすることに、もはや異論の余地はないであろう。宮内庁による管理が行き届き、庭園はつねに最高の状態を保っている。池のまわりを歩いて鑑賞する廻遊式であるが、その道中、目を凝《こ》らして見ても手を抜いたようなところは、ひとつとしてない。造形も管理も、細心の留意がなされている。

一般的に、桂離宮のような大規模池泉庭園では、見どころとなる場所だけを重点的に造り、そのほかの部分は、手を抜くわけではないが、比較的簡単に済ませてしまう。そうしないと、広い園内、築造の費用がかさんで、キリがないからである。どうしても、ただ歩いて次に進むだけの区間ができてしまうし、間延《まの》びもする。広くて疲れたといった感想は、そのために起こってくるのだ。

ところが、桂離宮庭園では、一歩ごとに格別の景色を得られるから、約一時間、鑑賞し終わったあとにも、心地よい疲労感が残る。ある方向からの景色が、別の方向から見ると、また異なった景色になる仕かけもなされている。この庭園のすばらしさは、どこから見てもビューポイントになるという点にある。鑑賞者に、次の景への期待感をうながす。

宮家《みやけ》三代にわたる長い期間でもって、さまざまな角度から眺めて、気に入らない個所は変えられ、足りない個所は加えられ、また丹念に修理され、より完全な造形をめざして進化した結果といえるだろう。

地割の妙、石組の確かさ、建築の創意、それらの融合、すべてにおいて高い水準にあるのが、桂離宮だ。これが、天候、時間の経緯、季節の経緯などによって、さまざまな様相を見せてくれる。日本庭園は、雨に濡れた景色の中にこそ趣があるものだが、こと桂離宮においては、晴れの日の清々しい景色もすぐれていると思う。

また、改めて述べるまでもないことだが、池泉庭園にあって、枯山水にはない魅力として、水の表情があげられる。池には、数カ所の導水路より桂川の水が引かれている。つねに新鮮な水を流すことで、池の水が淀《よど》まないような工夫がなされている。水が淀んで藻《も》が発生すると、池の水が汚染されてしまう。しかし、桂離宮の池は澄《す》んでいて、いつも周辺の木々や空を池の水面に映し出し、その美しさを際《きわ》だたせている。

というのも、桂離宮は、当初より月見の名所である。池のそばに観月専用の数奇屋《すきや》建築「月波楼《げつぱろう》」が建てられ、古書院には、「月見台」という広いベランダ状の施設が設けられている。月見台から望む月と池の取り合わせは、なかでも最上とされるが、現代の私たちが、これを楽しむことはできない。

どうか、「月の桂」に思いを馳《は》せてみていただきたい。美しく保たれた池があることによって、池に映し出された月も冴《さ》えわたって見えてくるのである。

桂離宮の私選七景

あまりにも見どころが多いために、そのひとつひとつを説明していては、いくらページがあっても足りない。最終的には、みなさんの桂離宮を探していただくことにして、ここでは、個人的なお気に入りの景色を七つあげておこう。

1、「桂垣《かつらがき》」の景

これは、敷地の外から見たものである。一見しただけではわかりにくいかもしれないが、素材はなんと生きた竹である。裏側に回ると、生きた竹を折り曲げて、その葉を垣にしているのがわかる。すでに外垣にして独創性を発揮しており、垣内にただならぬ空間が待ち構えているという期待感を与えてくれる。

2、「御幸道《みゆきみち》」の景

表門をくぐり、いよいよ離宮の内部へと導かれる道。ここで訪問者を驚かせるのが、一面に「霰《あられ》こぼし」という手法で敷きつめられた小石である。その精緻《せいち》のために、材料集めから施工にいたるまで途方《とほう》もない時間がかかっているのだろう。現在でも、これほどの

天下の名園、桂離宮庭園への美しい導入部分を担う御幸道

敷石の緻密さからも、この庭園に対する並々ならぬ熱意を感じとることができる

ものはなかなかできるとは思えない。
正面には、アーチ状の土橋《どばし》があり、両側に植えられた紅葉《もみじ》が美しい。

3、洲浜《すはま》から「天橋立《あまのはしだて》」を通して「松琴亭《しょうきんてい》」を望む景

一本道を進み、緑の中を抜けると、とつぜん目の前に水面が現われる。柔らかな曲線の造形は、ここまで長くつづいた直線の道との落差によって、いっそう和《やわ》らいだものとなる。

まもなく美しく整えられた「洲浜」が現われる。洲浜の先には、愛らしい「岬燈籠《みさきどうろう》」がおかれている。訪問者はここで思わず足をとめるにちがいない。池の中、切石橋《きりいしばし》で結ばれた二つの島が、天橋立である。実際の天橋立は、一本に延びた砂洲《さす》なのだが、ここでは、あえて島の景に造られ、しかも一直線に配置されていないところがおもしろい。名庭園の中には、こういった遊びが表現されているものだ。

二つの島を固める石組は、実に江戸時代らしい優雅なものだが、とくに高い美意識を感じさせるのは、念入りに設計された島の形と配置だろう。それによって、天橋立を中心にした景は、見る方向によって、劇的に変化する。しかも、そのすべての景が文句のつけよ

洲浜（左手前）から、天橋立（切石橋と左右の島）を通して、松琴亭を見る。桂離宮庭園を代表する景色だ

洲浜の先にある小さな石の上に、燈籠がおかれ、景色のアクセントの役を果たしている

うのないものである。まさに廻遊式庭園の楽しさを如実に体感できる。

天橋立の向こうに望む建物が、松琴亭である。これは、現存する最高レベルの数寄屋建築である。青と白の市松《いちまつ》模様の襖が印象深いが、その外観は、対岸にある「書院《しょいん》」とは対照的に、ひなびた草庵風に造られている。

松琴亭の茅葺屋根《かやぶきやね》、天橋立の島影と松が、池の面に映り込み、複雑な景色を生み出す。これも十分に計算されてのものだろう。

4、対岸から「笑意軒《しょういけん》」を望む景

松琴亭をあとにして、池と対岸の書院を眺めながら進み、「園林堂《おんりんどう》」の前から最後の土橋を渡る。この橋のあたりまで来ると、左手に、美しい切石の護岸の上に笑意軒が見えてくる。切石の護岸は、船着場である。桂離宮の池は、舟遊でも楽しむことができた。

豊かな曲線を持つ池の中にあって、この部分にのみ直線の造形が採用されており、斬新な印象を与えている。江戸時代の池泉庭園で、部分的に直線的な護岸を用いた例はいくつかあるが、ここではとりわけ繊細に造られている。

笑意軒は、高く土を盛った上に建ち、それによって、切石護岸がよりシャープに見えて

直線の美を活かした、笑意軒前の構成。左手前にポツンとおかれているのが、三光燈籠

三光燈籠は、太陽、月、星という三つの光を意匠化したもの

くる。けっして、これみよがしに高い石垣を築いたりはしていない点に、好感が持てる。船着場からは、笑意軒に向けて、二本の石段が延びており、横線の護岸に対する縦線を演出している。

また、長く延びた直線の護岸の先には、ポツンと「三光燈籠《さんこうどうろう》」がおかれている。たいへん小さく簡素なものだが、数多い離宮の燈籠の中でも、窓の開け方に工夫が凝らされ、異色の存在である。

5、雁行《がんこう》する書院の景

書院は、離宮の中心をなす建物である。書院群といったほうが正確かもしれない。それは、古《こ》書院、中《ちゅう》書院、新御殿《ごてん》という、建造年代の異なる三棟からなっている。にもかかわらず、まるで同時期に造られたかのように調和がとれている。

書院は、新しいものほど、斜め後方に建てられていき、その姿は、ちょうど雁《かり》の一群が飛行するさまになぞらえられてきた。それぞれの書院は、端正《たんせい》な造りであるが、この雁行の配置によって、単調さを脱しているのだろう。さらに、書院は高床《たかゆか》に造られる。池の増水対策もあるのだろうが、床を支える部材は細く、軽快である。

左が新御殿で、右が中書院。写真にはないが、さらに右手前に古書院と、三棟の建物が、雁行の形状で建てられている

木々の合間から覗く書院群。本格的な建造物が、庭園内で威圧感を持たないように、配慮されている

これらの建築は、たいへん本格的なものでありながら、敷地に起伏を設《もう》けるなどの工夫によって、周囲の自然にうまく溶け込んでいる。対岸から池を通して見る景、木々の合間から覗《のぞ》く姿、いずれも美しい。現存する書院建築の中でも、最高の美しさを持っているといって過言ではないだろう。

6、「住吉《すみよし》の松」から、松琴亭を望む景

現在、御幸道と御幸門を通ってきた訪問者は、その先を左に折れ、天橋立や松琴亭に向かう順路をとるのが一般的である。しかし当初は、そのまま真っすぐ進み、書院へと向かうのが、メインの道筋だった。途中、左手に現われるのが、住吉の松である。

この小ぶりの松は、岬の先端に植えられており、そこに至る岬の道は、両側を垣根によって遮蔽《しやへい》されている。垣根と松の合間から、松琴亭と池の水がわずかに覗いている。そのまま気づかずに通りすぎる人も多いのではないだろうか。隠されることで、これから出会うであろう景色への期待感は高められていく。住吉の松は、一名「衝立《ついたて》の松」ともいわれ、桂離宮の美意識を象徴する存在だ。

岬の上に造られた道は、衝立のようにして視界をさえぎる小さな松のところで終わっている

7、「真《しん》の飛石」の景

書院に向かう人は、その玄関前の意匠の美しさに目を奪われる。すなわち真の飛石と呼ばれる石の構成だが、これは、飛石というよりも、延段《のべだん》というべきものであろう。その形状から「敷石」や「畳石《たたみいし》」とも呼ばれていた。真の飛石は、直線に切られたさまざまな形状の加工石が、すきまなく巧みに組み合わされているが、これを見ると、畳になぞらえられた理由もよくわかる。この延段の構成の妙は、日本美術のデザインに大きな影響を残した。

「真」とは、真・行《ぎょう》・草《そう》のうちのひとつで、直線のみ（加工石のみ）の構成であることを示している。園内には、加工石と自然石とを組み合わせた延段（「行の飛石」）、自然石のみで構成された延段や飛石（「草の飛石」）も点在しているので、ぜひ、三様の印象の違いを味わっていただきたい。

真の飛石のすばらしさもさることながら、私が訪ねるたびに感心させられるのが、真の飛石と門のあいだにおかれた、四個の正方形の切石である。これらの切石をはさむことで、真の飛石は、左斜めに大きくふれている。しかも、四個の切石は、わずかに間隔をおいて据えられている。そのような工夫によって、狭い玄関前の敷地に遠近感がもたらさ

書院の玄関へとつづく真の飛石

真の飛石の手前におかれた四個の石にも注目していただきたい。その作用によって、玄関先の完全な造形は成立するのだ

←（次ページ）真の飛石

れ、大規模な延段も重くならず、かえって軽快な印象を与えているのだ。凡人には思いもつかないような意匠感覚である。

以上、桂離宮庭園の魅力のほんの一部を案内した。園内には、ほかにも見どころが多いし、私が気づいていないものもあることだろう。また、度重《たびかさ》なる修理や保全の作業によって、順路はたびたび変更されるので、先にあげた七景でも、見ることができないものがある。あらかじめお断りしておきたい。

露地の燈籠を取り入れる

桂離宮庭園は、従来の池泉庭園が究極の形へと発展したものだが、そのもっとも特徴的な点が、露地の要素を大胆に取り入れているところだろう。この時代になると、茶の湯の文化が、宮家《みやけ》にも深く入っていたのである。

松琴亭や笑意軒は、草庵の形を持った茶室でもある。そこに向かう道は、池泉庭園の廻遊路でもあり、露地であった。蘇鉄《そてつ》山の脇に腰掛待合《こしかけまちあい》が建てられ、飛石や延段、手水鉢《ちょうずばち》や燈籠などの石造物が、いたるところにおかれているのは、そのためである。

なかでも、燈籠の数とバリエーション、質の高さは、この庭園の重要な点景の役目を果たしている。仏堂である園林堂の前に立てられている燈籠は、従来型の堂々としたものだが、そのほかは、露地庭園におかれる、背の低いものばかりである。いずれも、園林堂前の石燈籠のような基礎（土台）はなく、竿《さお》の途中まで土の中に埋まっている。このように竿を直接地中に埋めたものを「生込《いけこみ》」といい、露地の発達にともなって、露地専用の燈籠として考案されたものを流用している。このような燈籠のことを「庭燈籠」と呼んでいる。

いずれにせよ、人の背丈以上もあるような巨大な燈籠を庭園の目立つところにおくような発想は、宮家の人たちの美意識にはなじまなかったのであろう。巨大な燈籠を並べることは、露骨な権力の表われでしかない。燈籠というものは、足もとを照らせれば、それで十分なのだ。園林堂前の土橋を渡ったところにある「雪見燈籠《ゆきみ》」も、いくぶん小ぶりで、豪華というよりは、愛らしい表情を見せている。

また、キリシタン燈籠と呼ばれる「織部燈籠《おりべ》」は、園内に多く見られるが、これも、竿に彫り出された「地蔵《じぞう》」がほとんど隠れるくらい、低く設けられている。織部燈籠は、桃山時代に活躍した茶人・古田《ふるた》織部が好んだという伝承があり、端正な形状が人気を得て、いまも複製が数多く造られている。キリシタン燈籠の呼び名も、竿の形が十字架形で、竿

小さく造られた雪見燈籠

竿の部分を深く埋めた織部燈籠。地蔵は肩のあたりまでしか見えない

園林堂から笑意軒へと至る道すがらは、見どころのある燈籠が多い。この三角燈籠も、独特のデザインから訪問者の人気を集めている

に彫り出された地蔵をマリア像に見立てたゆえんである。隠れキリシタンが、マリア像を土中に埋めてわからないようにしたなどというのは、もちろん妄説で、この燈籠のデザインも、信仰的なものというより、意匠上のものであろう。

数多くある燈籠の中で、とくにユニークな二つをあげておこう。

ひとつは、笑意軒に行く途中にある「三角燈籠《さんかく》」である。その名のとおり、三本脚の雪見燈籠である。笠、火袋《ひぶくろ》、中台も三角形である。

もうひとつは、笑意軒のところでふれた三光燈籠である。これは、事前に知らないと見落としてしまうほど小さい。夜間、舟を笑意軒前につけるとき、護岸を教えるための最低限の明かりである。長方体をしていて、長い辺の面は、太陽を表わす丸と三日月の形に刳《く》りぬかれている。また、短い辺の面に刳りぬかれた不等辺の八角形が、星である。太陽、月、星で、三光を表わすという、たいへん優雅な意匠である。実際に舟の上から、この三光はどのように見えたのであろうか。

桂離宮庭園は、宮家の別荘でありながら、その後に多く造られる大名庭園など、池泉庭園の先駆けともなった。

池の地割は、複雑を極め、歩いているだけではわからないが、松琴亭が建てられている

桂離宮庭園も、そのベースは、鶴亀蓬莱様式にのっとった池泉庭園である

場所は出島の上で、笑意軒が建てられている場所も、実は大きな島の上である。池の中央には、それより小さな二つの島が並んで浮かび、さらに、これとは別に、天橋立と呼ばれる小さな二つの島と、それにつづく美しい出島がある。二つの島は、西が鶴島、東が亀島を表現しているのだろう。そういった意味において、この池泉庭園は、従来の鶴亀蓬萊様式にのっとったものといえる。

本庭は、この伝統的な池泉庭園をベースにして、茶室や露地の要素が融合することで、表現力はより豊かなものとなった。歩いていく(舟を進める)うちに移り変わっていく景色、立ち止まって見る景色、建物の中から見る景色が用意され、鑑賞者を飽きさせることがない。

その奥深さは、ひとりの設計者がいっぺんに造ろうとして、実現できるものではないだろう。三代の長きにわたって、美意識のある人たちが感性を注ぎつづけてきた結果である。丹念に拡大されてきたから、大きさと完全性を両有することができた。ただ大規模な池泉庭園を造ろうという考え方ありきでは、だだっ広いものにしかならない。

桂離宮のように複合的な見どころを兼ね備えた池泉庭園のあり方は、一般的なものとなっていく。もっともこれを超えるものは現われなかった。

第十二章　日本庭園の展開

失われていく石組

『毛越寺庭園』（第二章）から『桂離宮庭園』（第十一章）まで、日本庭園の代表的作例を見てきた。これにより、平安時代から江戸時代初期までの日本庭園の流れを、およそ理解していただけたのではないかと思う。では、『桂離宮庭園』をもって、その文化は途切れてしまったのかといえば、むしろその逆で、日本庭園が大きく普及するのは、むしろ十七世紀の終盤にさしかかる江戸時代中期以降であった。

享保二十（一七三五）年には、本格的な作庭書『築山庭造伝《つきやまていぞうでん》』が出版され、地方の文人や庄屋などの有力者もこぞって作庭にいそしむようになった。また、茶の湯の流行によって、露地庭園が多く造られた。室町時代作庭、桃山時代作庭と伝えられている寺院の庭園も、その大部分は、この時代に造られ、あるいは大きな改修を受けたものである。

なかでも、全国的な広がりをもって、有力な大名たちや幕府の要人たちが、「大名庭園」と呼ばれる大規模池泉庭園を築いたことが、注目されよう。その中で、よく知られ、いまも比較的古い造形を残している作例は、以下のとおりである。

『御薬園《おやくえん》庭園』（福島県会津若松《あいづわかまつ》市）　会津松平家

『小石川後楽園《こいしかわこうらくえん》庭園』（東京都文京区）　水戸《みと》徳川家
『旧浜《はま》離《り》宮《きゅう》恩賜《おんし》庭園』（東京都中央区）　徳川将軍家
『六義園《りくぎえん》庭園』（東京都文京区）　老中《ろうじゅう》 柳沢吉保《やなぎさわよしやす》
『兼六園《けんろくえん》庭園』（金沢市）　前田家
『玄宮園《げんきゅうえん》庭園』（滋賀県彦根《ひこね》市）　井伊《いい》家
『養翠園《ようすいえん》庭園』（和歌山市）　紀州徳川家
『岡山後楽園《おかやまこうらくえん》庭園』（岡山市）　池田家
『栗林公園《りつりんこうえん》庭園』（高松市）　高松松平家
『天赦園《てんしゃえん》庭園』（愛媛県宇和島《うわじま》市）　宇和島伊達《だて》家
『水前寺《すいぜんじ》成趣園《じょうじゅえん》庭園』（熊本市）　細川家

こうして見ると、いずれも当代随一の権力者たちの手によっているのがわかるだろう。池泉庭園を造るには、たいへんな労力と費用を要するし、それが、これまで保存されてきたのも、地元の民にとって、おらが殿様の残した御庭として保存されてきたからだ。大名庭園は、地域の誇りであり、文化の中心的施設の役目も負っている。

大名庭園という言葉には、一種の限定的な意味あいが込められている。たとえば、江戸時代初期に造られた『二条城二の丸庭園』や『名古屋城二之丸庭園』、『徳島城旧表御殿庭園』(第九章)などが、その範疇《はんちゅう》に含まれるのかといえば、ちょっと考えさせられるところだろう。城山の近くにある御殿や別邸に築かれたという点においては同類であるが、両者には、様式上の大きなちがいが見受けられる。

江戸時代初期までに造られた武家の池泉庭園は、いずれも剛健さを残している。それがもっとも明白に表われていたのが、石組で、前の室町・桃山時代の流れを受け継いだものであった。

ところが、江戸時代中期以降に造られる庭園では、石組の比重が極端に小さくなる。広い園内で、石組のある場所は限定的になる。かろうじて造られた石組も、かつての剛健さはしだいに影をひそめ、線が細くなり、単独の石の形状に依存したものが増えてくる。「石を立てる」「石を組む」といった、本来の日本庭園の特性が薄れていく。

池の護岸も、石組の代わりに、「草止《くさど》め」(石も杭もおかない)といわれる簡素な手法が一般的になっていった。豪華な護岸石組を造るための費用は十分にあったであろうから、やはり簡素なほうが、美しいとされたのだろう。すなわち「自然風景主義」に対する志向が

岡山後楽園にある陰陽石。中心に立つ大きな石は、ひと目でそれとわかる陽石である。また、その手前の水際におかれた、縦に筋のある石が陰石だが、大名庭園隆盛の時代になると、用いられる石じたいの珍奇さを最大限に活かした造作が増えてくる。一方、石組の美は退潮していく

栗林公園の陰石も、まさに奇岩というべきだろう。その圧倒的な存在感がすべてである

栗林公園の蓬莱を表わした岩島。このように具象化を追求すると、かえって小さく見えてしまうジレンマがある

見られるようになる。

本当の自然というのは、それほど石だらけではない、という考えが起こったとしても不思議でない。見方によっては、『天龍寺庭園』（第四章）以前の池泉庭園の姿に回帰したともいえる。

このころになると、武家の感性から見ても、二条城や徳島城のような石の世界は、むしろ過剰で暑苦しいものと感じられるようになっていたにちがいない。離宮や御所など、宮家の優雅な世界にあこがれていたのだろうか。もはや石組の変化は主要ではなくなり、池の形が複雑化し、園内の起伏がいっそう大きく設けられることで、景観の多様性は生み出されていった。

縮景《しゅっけい》の流行

庭園は、もとより典型的な自然の景を凝縮したものである。そういった意味で、すべての日本庭園は、「縮景《しゅっけい》」の表現といえるだろう。しかし、私たち庭園関係者が縮景と呼ぶ場合は、もっと狭い意味を表わしていて、国内外の名所・名勝を模して再現した手法をさしている。

養翠園庭園は、西湖堤の庭として知られている。かつての池泉庭園は、島を造るための池の表現であったのが、ここでは、橋を見せるための池として存在している

水前寺成趣園庭園にある富士峰は、縮景の最たるものだろう。その姿は、誰がどう見ても富士山である。庭園の全体的な印象も、石組より、起伏の表現に重きがおかれ、自然風景主義が強調されている

たとえば、小石川後楽園を例に見てみよう。池には、中央に大きな蓬萊島があるが、隅のほうに小さな岩島がある。これが、琵琶湖《びわこ》に浮かぶ「竹生島《ちくぶじま》」である。

京都からは、もっとも多くの名所が縮景されている。嵐山の景勝地である「渡月橋」と「大堰川《おおいがわ》」、愛宕山《あたごやま》を表わしたという石段は「愛宕坂」、東福寺《とうふくじ》にある紅葉の名所「通天橋《つうてんきょう》」、そして、「清水の舞台《きよみずのぶたい》」もあったが、いまは跡のみである。

京都以外からも、木曾《きそ》の景勝地である寝覚《ねざめ》ノ床《とこ》をアレンジした「寝覚の滝」、富士山麓の名瀑「白糸の滝《しらいとのたき》」の縮景がある。白糸の滝は、実景によく似ているが、ここまで忠実に表現されてしまうと、かえって実景とくらべたときの矮小化《わいしょうか》が気になってしまう。

さらに、徳川光圀《みつくに》の時代には、彼の中国趣味が加わった。このころ、中国杭州《こうしゅう》にある「西湖堤《せいこのつつみ》」の縮景も造られる。西湖堤は、ほかの大名庭園にも積極的に取り入れられ、『旧芝離宮恩賜庭園』（東京都港区）、『縮景園庭園』（広島市中区）や『養翠園庭園』にも残されているが、とくに養翠園のものが美しい。また、小石川後楽園には、天下一の奇山と評された廬山《ろざん》の縮景である「小廬山」、縮景ではないが、中国趣味を如実に反映した「円月橋《えんげつきょう》」というみごとなアーチ状の石橋がある。

このほか、水前寺成趣園庭園の「富士峰」などがよく知られている。もっとも大名庭園のすべてが縮景で尽くされているわけではないが、縮景がこの時代の庭園に対する意識を象徴したものであることは確かだろう。

それは、抽象表現を否定し、いっそうの具象化を進める傾向でもある。

たとえば、栗林公園庭園の池には、「仙磯《せんぎ》」という、岩島が浮かんでいる。これは、もちろん蓬萊である。その外観は、誰がどう見ようと、蓬萊のイメージそのものだ。石質や造形も、みごとなものである。さらに、小さな石を使うことで、はるか遠くある島のように表現した。しかし、形状があまりにも具象的でありすぎるために、その姿がはっきりと見えてしまい、蓬萊神仙へのロマンを感じにくくなってしまっている。

小石川後楽園に造られた縮景も、同じことだろう。具象表現の難しさは、こういうところにあるのではないだろうか。

植治《うえじ》庭園と堕落

江戸時代後期から近代に入ると、自然風景主義はいっそう顕著なものとなっていった。

古い日本庭園が、自然のエッセンスを抽出して表現していたのに対し、自然風景主義の庭園では、身近な山間《やまあい》の風情をそのまま写すことになった。

そして、明治時代のなかば、のちの池泉庭園のありように大きな影響力を与える作庭家が登場する。京都の第七代小川治兵衛《おがわじへえ》（屋号「植治《うえじ》」）である。山縣有朋《やまがたありとも》の別邸である『無《む》鄰菴《りんあん》庭園』（京都市左京区）や『平安神宮神苑庭園《へいあんじんぐうしんえん》』（京都市左京区）の成功で、彼の名声はゆるぎないものとなった。ちなみに、京都市最古の公園、円山《まるやま》公園の設計も彼の仕事である。

植治のもとには、実業家や政治家たちからの注文が殺到した。彼らは、新時代の権力者だった。前の時代に宮家や大名たちがものにした池泉庭園を我《われ》も所有したいと考えたのである。こうして、植治の池泉庭園は、京都を中心に数多く残されたが、とくに南禅寺周辺に代表作が集中している。これは琵琶湖疏《そ》水《すい》の完成によって、この地域の水利が向上したためである。

植治庭園の特徴は、自然風景主義への流れを敏感に察知し、ここに伝統的な手堅い技法を融合させたことであろう。

彼の出世作、無鄰菴庭園は、流れの庭として知られている。敷地の最奥部には、『醍醐寺三宝院庭園』の三段滝を模した滝石組を造っている。ただし、このみごとな滝石組は、

小石川後楽園は、初期の大名庭園の作例である。その大堰川の縮景で、象徴的な流れの景色が表現されている。川岸に洲浜を造り、川の中には点々と石をおく

植治が作庭した無鄰菴庭園の流れ。川の護岸にはすぐれた石組を造っている。川の中に点々とおかれた石の表現は、小石川後楽園のそれと似るが、より自然な風情である

やはり植治が作庭した平安神宮神苑庭園の流れは、表現にかなりのパターン化が見られる

手前からでは、垣間《かいま》見ることさえできない。庭園の中心は、滝を源とする川の流れである。そして、狭い敷地の中でこれだけの流れを造るには傾斜が必要だ。この土地はほとんど傾斜がなかったため、流れや池の水深を極端に浅くすることによって、変化をつけることに成功している。

つまり、その外観は自然の小川に近い景観だが、この景を得るために、傑出した技術と大胆な構想（そして莫大《ばくだい》な費用）が注がれているのだ。

しかし、結果として、彼の登場は、その後につづく者を不幸にする。誰もが、植治の作品を範として、日本中に植治風庭園が出現した。それが、堕落の始まりでもあった。伝統的な技術や空間構成力において、彼を超えることはできない。かといって、それを埋めるだけの独創性も削《そ》がれてしまっている。植治の時代のように費用をかけられないし、名石もおさまるところにおさまってしまった。

日本庭園は、いまもって袋小路に入ったままである。ただ表面的な模倣をくりかえすことで、造形や構成の展開力は急速に衰え、停滞を余儀《よぎ》なくされた。さらに絶望的なのは、植治が生み出した、いっときの造形や構成が、日本庭園の伝統的な美の根幹と誤解されたままであることだろう。私たちが日本庭園にいだく一般的なイメージも、実はこの植治風庭園なのではないだろうか。

多くの日本の伝統芸術について、固着が問題視されているが、日本庭園もその例外ではない。いや、問題視すらされていないことが、大きな問題だ。いま、ふたたび古庭園の美のありかを研究して、日本庭園とは何なのかから問い直すべきだろう。

石組への復帰

そのような強固な植治風への意識が閉塞感《へいそくかん》をもたらすようになった昭和時代初期、新たな日本庭園の創作を試みたのが、重森三玲であった。彼の創意への導火線となったのは、いうまでもなく古庭園の研究だった。

三玲は、昭和十一年から十三年にかけて、全国二〇〇あまりの庭園を独力で調査した。二、三人の助手とともに、スケッチ、実測、製図、写真撮影、文献発掘、文献解読、執筆を、たった三年という驚異的な短期間で成し遂《と》げ、その結果を『日本庭園史図鑑』全二六巻にまとめる。日本の庭園史上、はじめての通史による出版だった。これは、日本庭園史の研究者たちに大きな影響をおよぼし、三玲自身にとっても、その後の作庭活動への布石となる。

彼が、全国実測行脚《あんぎゃ》から導き出した答えは、「石組の美」の復権であった。先人たちは、この石組を、先進性、独創性、抽象性、意匠性といった、伝統と創作の表現のよりどころとしていたことを認識する。過去の名庭園が生み出された原動力は、石組の探求にあった。

もはや石組は、三玲にとって、永劫不変《えいごうふへん》のものであった。そして、最高にモダンな作品を創作すれば、それが「永遠のモダン」になることを信じるようになった。その理念が早速実現へと移されたのが、昭和十四年に造られた、事実上の彼のデビュー作となる『東福寺本坊庭園』である。

「八相《はっそう》の庭」と名づけられたこの庭園は、方丈を中心に、東西南北に異なる造形の枯山水を築いたものである。もっとも広い南庭には、白砂の上に、蓬萊など四つの神仙島を豪勢な石組で、京都五山をゆるやかな築山で表現した。西庭は、井田《せいでん》式の庭とし、皐月《さつき》の刈込と白川砂を市松模様に配置した。北庭は、とくに人気のある意匠だろう。苔の中に、正方形の敷石をやはり市松模様に組むが、これが東に向かうにつれて、敷石の配置はまばらになっていく。絵画における「ぼかし表現」を庭園に持ち込んだ最初の例といえる。私は、このまばらになったあたりの敷石の景が好きである。東庭は、丸い七個の石柱を北斗七星

重森三玲が作庭した八相の庭。そのうちの南庭。立石が力強い

八相の庭の北庭。斬新な市松模様の意匠

の形に立てている。七石すべて高低差をつけて据えており、その常識破りの発想には、ただ感心させられる。

すでに七〇年以上も昔の造形であるが、古さをまったく感じさせない。三玲がめざした永遠のモダンは、いまもってモダンでありつづけている。しかし、その一方で、彼が提示した意匠を古びたものにできない、私たちがいる。三玲の庭園表現に異論を投げかける人もいるが、では、それを否定するような新しい造形を誰が生み出せたというのだろうか。

私も含めて、現代の作庭家は、植治、三玲という二人を乗り越えることができていない。その先に日本庭園の未来があることはわかっているのだが、歩みは止まったままだ。

切りとり線

★読者のみなさまにお願い

この本をお読みになって、どんな感想をお持ちでしょうか。祥伝社のホームページから書評をお送りいただけたら、ありがたく存じます。今後の企画の参考にさせていただきます。また、次ページの原稿用紙を切り取り、左記まで郵送していただいても結構です。

お寄せいただいた書評は、ご了解のうえ新聞・雑誌などを通じて紹介させていただくこともあります。採用の場合は、特製図書カードを差しあげます。

なお、ご記入いただいたお名前、ご住所、ご連絡先等は、書評紹介の事前了解、謝礼のお届け以外の目的で利用することはありません。また、それらの情報を6カ月を越えて保管することもありません。

〒101-8701（お手紙は郵便番号だけで届きます）
祥伝社　新書編集部
電話03（3265）2310
祥伝社ブックレビュー　www.shodensha.co.jp/bookreview

★本書の購買動機（媒体名、あるいは○をつけてください）

＿＿＿＿新聞の広告を見て	＿＿＿＿誌の広告を見て	＿＿＿＿の書評を見て	＿＿＿＿の Web を見て	書店で見かけて	知人のすすめで

★100字書評……日本の10大庭園

名前

住所

年齢

職業

重森千青　しげもり・ちさを

1958年、東京都生まれ。中央大学文学部卒業。重森三玲・完途と続いて、作庭家、庭園史研究家として活動。重森庭園設計研究室代表、京都工芸繊維大学非常勤講師。庭園作品に『松尾大社　瑞翔殿庭園（京都府）』『長保寺　寂光の庭（和歌山県）』『久幸会今村病院（秋田県）』『真如堂　随縁の庭（京都府）』『東福寺一華院　彷彿石庭（京都府）』『澄清湖庭園（台湾高雄）』など多数。

日本《にほん》の10大庭園《だいていえん》

何《なに》を見《み》ればいいのか

重森《しげもり》千《ち》青《さを》

2013年９月10日　初版第１刷発行
2023年８月15日　　　第２刷発行

発行者……………辻　浩明
発行所……………祥伝社《しょうでんしゃ》
〒101-8701　東京都千代田区神田神保町3-3
電話　03(3265)2081(販売部)
電話　03(3265)2310(編集部)
電話　03(3265)3622(業務部)
ホームページ　www.shodensha.co.jp

装丁者……………盛川和洋
印刷所……………萩原印刷
製本所……………ナショナル製本

Printed in Japan　ISBN978-4-396-11336-0　C0270

〈祥伝社新書〉
日本文化と美

201
日本文化のキーワード 七つのやまと言葉
あわれ、におい、わび・さび、道《みち》、間《ま》……七つの言葉から日本文化に迫る
作家 栗田 勇

134
《ヴィジュアル版》雪《せつ》月《げつ》花《か》の心
桂離宮《かつらりきゅう》、洛中洛外図《らくちゅうらくがいず》……伝統美術の傑作をカラーで紹介。英文対訳つき
栗田 勇・著
ロバート・ミンツァー・英訳

413
思いがけない日本美術史
日本画はいつも新鮮！ 長谷川等伯《はせがわとうはく》、仙厓《せんがい》ら12の作品から知る鑑賞のツボ
明治神宮ミュージアム館長 黒田泰三

023
だから歌舞伎はおもしろい
今さら聞けない素朴な疑問から、観劇案内まで、わかりやすく解説
芸能・演劇評論家 富澤慶秀

580
大《おお》伴《ともの》旅《たび》人《と》 人と作品
「令和」の生みの親である大伴旅人の生涯を四期に分け、歌と共に解説
国際日本文化研究センター名誉教授 中西 進 編